全国普法学习读本 ★★★★★★

>>>>>环境保护综合法律法规学习读本<<<<<

环境保护综合法律法规

加大全民普法力度，建设社会主义法治文化，树立宪法法律至上、法律面前人人平等的法治理念。
——中国共产党第十九次全国代表大会《决胜全面建成小康社会 夺取新时代中国特色社会主义伟大胜利》

王金锋 主编

汕头大学出版社

图书在版编目（CIP）数据

环境保护综合法律法规 / 王金锋主编. -- 汕头：汕头大学出版社，2023.4（重印）

（环境保护综合法律法规学习读本）

ISBN 978-7-5658-2956-7

Ⅰ. ①环… Ⅱ. ①王… Ⅲ. ①环境保护法-基本知识-中国 Ⅳ. ①D922.684

中国版本图书馆 CIP 数据核字（2018）第 035688 号

环境保护综合法律法规　　HUANJING BAOHU ZONGHE FALÜ FAGUI

主　　编：	王金锋
责任编辑：	邹　峰
责任技编：	黄东生
封面设计：	大华文苑
出版发行：	汕头大学出版社
	广东省汕头市大学路 243 号汕头大学校园内　邮政编码：515063
电　　话：	0754-82904613
印　　刷：	三河市元兴印务有限公司
开　　本：	690mm×960mm 1/16
印　　张：	18
字　　数：	226 千字
版　　次：	2018 年 5 月第 1 版
印　　次：	2023 年 4 月第 2 次印刷
定　　价：	59.60 元（全 2 册）

ISBN 978-7-5658-2956-7

版权所有，翻版必究

如发现印装质量问题，请与承印厂联系退换

前　言

习近平总书记指出："推进全民守法，必须着力增强全民法治观念。要坚持把全民普法和守法作为依法治国的长期基础性工作，采取有力措施加强法制宣传教育。要坚持法治教育从娃娃抓起，把法治教育纳入国民教育体系和精神文明创建内容，由易到难、循序渐进不断增强青少年的规则意识。要健全公民和组织守法信用记录，完善守法诚信褒奖机制和违法失信行为惩戒机制，形成守法光荣、违法可耻的社会氛围，使遵法守法成为全体人民共同追求和自觉行动。"

中共中央、国务院曾经转发了中央宣传部、司法部关于在公民中开展法治宣传教育的规划，并发出通知，要求各地区各部门结合实际认真贯彻执行。通知指出，全民普法和守法是依法治国的长期基础性工作。深入开展法治宣传教育，是全面建成小康社会和新农村的重要保障。

普法规划指出：各地区各部门要根据实际需要，从不同群体的特点出发，因地制宜开展有特色的法治宣传教育坚持集中法治宣传教育与经常性法治宣传教育相结合，深化法律进机关、进乡村、进社区、进学校、进企业、进单位的"法律六进"主题活动，完善工作标准，建立长效机制。

特别是农业、农村和农民问题，始终是关系党和人民事业发展的全局性和根本性问题。党中央、国务院发布的《关于推进社会主义新农村建设的若干意见》中明确提出要"加强农村法制建设，深入开展农村普法教育，增强农民的法制观念，提高农民依法行使权利和履行义务的自觉性。"多年普法实践证明，普及法律知识，提高法制观念，增强全社会依法办事意识具有重要作用。特别是在广大农村进行普法教育，是提高全民法律素质的需要。

多年来，我国在农村实行的改革开放取得了极大成功，农村发生了翻天覆地的变化，广大农民生活水平大大得到了提高。但是，由于历史和社会等原因，现阶段我国一些地区农民文化素质还不高，不学法、不懂法、不守法现象虽然较原来有所改变，但仍有相当一部分群众的法制观念仍很淡化，不懂、不愿借助法律来保护自身权益，这就极易受到不法的侵害，或极易进行违法犯罪活动，严重阻碍了全面建成小康社会和新农村步伐。

为此，根据党和政府的指示精神以及普法规划，特别是根据广大农村农民的现状，在有关部门和专家的指导下，特别编辑了这套《全国普法学习读本》。主要包括了广大人民群众应知应懂、实际实用的法律法规。为了辅导学习，附录还收入了相应法律法规的条例准则、实施细则、解读解答、案例分析等；同时为了突出法律法规的实际实用特点，兼顾地方性和特殊性，附录还收入了部分某些地方性法律法规以及非法律法规的政策文件、管理制度、应用表格等内容，拓展了本书的知识范围，使法律法规更"接地气"，便于读者学习掌握和实际应用。

在众多法律法规中，我们通过甄别，淘汰了废止的，精选了最新的、权威的和全面的。但有部分法律法规有些条款不适应当下情况了，却没有颁布新的，我们又不能擅自改动，只得保留原有条款，但附录却有相应的补充修改意见或通知等。众多法律法规根据不同内容和受众特点，经过归类组合，优化配套。整套普法读本非常全面系统，具有很强的学习性、实用性和指导性，非常适合用于广大农村和城乡普法学习教育与实践指导。总之，是全国全民普法的良好读本。

目 录

中华人民共和国环境保护法

第一章　总　　则……………………………………（1）
第二章　监督管理……………………………………（3）
第三章　保护和改善环境……………………………（6）
第四章　防治污染和其他公害………………………（8）
第五章　信息公开和公众参与………………………（11）
第六章　法律责任……………………………………（13）
第七章　附　　则……………………………………（15）
附　录
　　环境保护法规解释管理办法………………………（16）
　　环境标准管理办法…………………………………（20）
　　"十三五"生态环境保护规划………………………（29）

环境保护行政许可听证暂行办法

第一章　总　　则……………………………………（98）
第二章　听证的适用范围……………………………（99）
第三章　听证主持人和听证参加人…………………（100）
第四章　听证程序……………………………………（103）
第五章　罚　　则……………………………………（108）
第六章　附　　则……………………………………（109）

附 录

环境保护行政执法与刑事司法衔接工作办法…………（111）

国家突发环境事件应急预案

第一章　总　　则…………………………………………（121）

第二章　组织指挥体系……………………………………（123）

第三章　监测预警和信息报告……………………………（124）

第四章　应急响应…………………………………………（127）

第五章　后期工作…………………………………………（130）

第六章　应急保障…………………………………………（131）

第七章　附　　则…………………………………………（132）

附　录

突发环境事件分级标准……………………………………（133）

国家环境应急指挥部组成及工作组职责…………………（136）

中华人民共和国环境保护法

中华人民共和国主席令

第九号

《中华人民共和国环境保护法》已由中华人民共和国第十二届全国人民代表大会常务委员会第八次会议于2014年4月24日修订通过,现将修订后的《中华人民共和国环境保护法》公布,自2015年1月1日起施行。

中华人民共和国主席 习近平

2014年4月24日

(1989年12月26日第七届全国人民代表大会常务委员会第十一次会议通过;2014年4月24日第十二届全国人民代表大会常务委员会第八次会议修订)

第一章 总 则

第一条 为保护和改善环境,防治污染和其他公害,保障公众健康，推进生态文明建设，促进经济社会可持续发展，制定本法。

第二条 本法所称环境，是指影响人类生存和发展的各种天然的和经过人工改造的自然因素的总体，包括大气、水、海洋、土地、矿藏、森林、草原、湿地、野生生物、自然遗迹、人文遗迹、自然保护区、风景名胜区、城市和乡村等。

第三条 本法适用于中华人民共和国领域和中华人民共和国管辖的其他海域。

第四条 保护环境是国家的基本国策。

国家采取有利于节约和循环利用资源、保护和改善环境、促进人与自然和谐的经济、技术政策和措施，使经济社会发展与环境保护相协调。

第五条 环境保护坚持保护优先、预防为主、综合治理、公众参与、损害担责的原则。

第六条 一切单位和个人都有保护环境的义务。

地方各级人民政府应当对本行政区域的环境质量负责。

企业事业单位和其他生产经营者应当防止、减少环境污染和生态破坏，对所造成的损害依法承担责任。

公民应当增强环境保护意识，采取低碳、节俭的生活方式，自觉履行环境保护义务。

第七条 国家支持环境保护科学技术研究、开发和应用，鼓励环境保护产业发展，促进环境保护信息化建设，提高环境保护科学技术水平。

第八条 各级人民政府应当加大保护和改善环境、防治污染和其他公害的财政投入，提高财政资金的使用效益。

第九条 各级人民政府应当加强环境保护宣传和普及工作，鼓励基层群众性自治组织、社会组织、环境保护志愿者开展环境保护法律法规和环境保护知识的宣传,营造保护环境的良好风气。

教育行政部门、学校应当将环境保护知识纳入学校教育内容,培养学生的环境保护意识。

新闻媒体应当开展环境保护法律法规和环境保护知识的宣传,对环境违法行为进行舆论监督。

第十条 国务院环境保护主管部门,对全国环境保护工作实施统一监督管理;县级以上地方人民政府环境保护主管部门,对本行政区域环境保护工作实施统一监督管理。

县级以上人民政府有关部门和军队环境保护部门,依照有关法律的规定对资源保护和污染防治等环境保护工作实施监督管理。

第十一条 对保护和改善环境有显著成绩的单位和个人,由人民政府给予奖励。

第十二条 每年6月5日为环境日。

第二章 监督管理

第十三条 县级以上人民政府应当将环境保护工作纳入国民经济和社会发展规划。

国务院环境保护主管部门会同有关部门,根据国民经济和社会发展规划编制国家环境保护规划,报国务院批准并公布实施。

县级以上地方人民政府环境保护主管部门会同有关部门,根据国家环境保护规划的要求,编制本行政区域的环境保护规划,报同级人民政府批准并公布实施。

环境保护规划的内容应当包括生态保护和污染防治的目标、任务、保障措施等,并与主体功能区规划、土地利用总体规划和城乡规划等相衔接。

第十四条 国务院有关部门和省、自治区、直辖市人民政府组织制定经济、技术政策，应当充分考虑对环境的影响，听取有关方面和专家的意见。

第十五条 国务院环境保护主管部门制定国家环境质量标准。

省、自治区、直辖市人民政府对国家环境质量标准中未作规定的项目，可以制定地方环境质量标准；对国家环境质量标准中已作规定的项目，可以制定严于国家环境质量标准的地方环境质量标准。地方环境质量标准应当报国务院环境保护主管部门备案。

国家鼓励开展环境基准研究。

第十六条 国务院环境保护主管部门根据国家环境质量标准和国家经济、技术条件，制定国家污染物排放标准。

省、自治区、直辖市人民政府对国家污染物排放标准中未作规定的项目，可以制定地方污染物排放标准；对国家污染物排放标准中已作规定的项目，可以制定严于国家污染物排放标准的地方污染物排放标准。地方污染物排放标准应当报国务院环境保护主管部门备案。

第十七条 国家建立、健全环境监测制度。国务院环境保护主管部门制定监测规范，会同有关部门组织监测网络，统一规划国家环境质量监测站（点）的设置，建立监测数据共享机制，加强对环境监测的管理。

有关行业、专业等各类环境质量监测站（点）的设置应当符合法律法规规定和监测规范的要求。

监测机构应当使用符合国家标准的监测设备，遵守监测规范。监测机构及其负责人对监测数据的真实性和准确性负责。

第十八条 省级以上人民政府应当组织有关部门或者委托专业机构，对环境状况进行调查、评价，建立环境资源承载能力监测预警机制。

第十九条 编制有关开发利用规划,建设对环境有影响的项目,应当依法进行环境影响评价。

未依法进行环境影响评价的开发利用规划,不得组织实施;未依法进行环境影响评价的建设项目,不得开工建设。

第二十条 国家建立跨行政区域的重点区域、流域环境污染和生态破坏联合防治协调机制,实行统一规划、统一标准、统一监测、统一的防治措施。

前款规定以外的跨行政区域的环境污染和生态破坏的防治,由上级人民政府协调解决,或者由有关地方人民政府协商解决。

第二十一条 国家采取财政、税收、价格、政府采购等方面的政策和措施,鼓励和支持环境保护技术装备、资源综合利用和环境服务等环境保护产业的发展。

第二十二条 企业事业单位和其他生产经营者,在污染物排放符合法定要求的基础上,进一步减少污染物排放的,人民政府应当依法采取财政、税收、价格、政府采购等方面的政策和措施予以鼓励和支持。

第二十三条 企业事业单位和其他生产经营者,为改善环境,依照有关规定转产、搬迁、关闭的,人民政府应当予以支持。

第二十四条 县级以上人民政府环境保护主管部门及其委托的环境监察机构和其他负有环境保护监督管理职责的部门,有权对排放污染物的企业事业单位和其他生产经营者进行现场检查。被检查者应当如实反映情况,提供必要的资料。实施现场检查的部门、机构及其工作人员应当为被检查者保守商业秘密。

第二十五条 企业事业单位和其他生产经营者违反法律法规规定排放污染物,造成或者可能造成严重污染的,县级以上人民政府环境保护主管部门和其他负有环境保护监督管理职责的部门,可以查封、扣押造成污染物排放的设施、设备。

第二十六条 国家实行环境保护目标责任制和考核评价制度。县级以上人民政府应当将环境保护目标完成情况纳入对本级人民政府负有环境保护监督管理职责的部门及其负责人和下级人民政府及其负责人的考核内容，作为对其考核评价的重要依据。考核结果应当向社会公开。

第二十七条 县级以上人民政府应当每年向本级人民代表大会或者人民代表大会常务委员会报告环境状况和环境保护目标完成情况，对发生的重大环境事件应当及时向本级人民代表大会常务委员会报告，依法接受监督。

第三章 保护和改善环境

第二十八条 地方各级人民政府应当根据环境保护目标和治理任务，采取有效措施，改善环境质量。

未达到国家环境质量标准的重点区域、流域的有关地方人民政府，应当制定限期达标规划，并采取措施按期达标。

第二十九条 国家在重点生态功能区、生态环境敏感区和脆弱区等区域划定生态保护红线，实行严格保护。

各级人民政府对具有代表性的各种类型的自然生态系统区域，珍稀、濒危的野生动植物自然分布区域，重要的水源涵养区域，具有重大科学文化价值的地质构造、著名溶洞和化石分布区、冰川、火山、温泉等自然遗迹，以及人文遗迹、古树名木，应当采取措施予以保护，严禁破坏。

第三十条 开发利用自然资源，应当合理开发，保护生物多样性，保障生态安全，依法制定有关生态保护和恢复治理方案并予以实施。

引进外来物种以及研究、开发和利用生物技术，应当采取措施，防止对生物多样性的破坏。

第三十一条 国家建立、健全生态保护补偿制度。

国家加大对生态保护地区的财政转移支付力度。有关地方人民政府应当落实生态保护补偿资金，确保其用于生态保护补偿。

国家指导受益地区和生态保护地区人民政府通过协商或者按照市场规则进行生态保护补偿。

第三十二条 国家加强对大气、水、土壤等的保护，建立和完善相应的调查、监测、评估和修复制度。

第三十三条 各级人民政府应当加强对农业环境的保护，促进农业环境保护新技术的使用，加强对农业污染源的监测预警，统筹有关部门采取措施，防治土壤污染和土地沙化、盐渍化、贫瘠化、石漠化、地面沉降以及防治植被破坏、水土流失、水体富营养化、水源枯竭、种源灭绝等生态失调现象，推广植物病虫害的综合防治。

县级、乡级人民政府应当提高农村环境保护公共服务水平，推动农村环境综合整治。

第三十四条 国务院和沿海地方各级人民政府应当加强对海洋环境的保护。向海洋排放污染物、倾倒废弃物，进行海岸工程和海洋工程建设，应当符合法律法规规定和有关标准，防止和减少对海洋环境的污染损害。

第三十五条 城乡建设应当结合当地自然环境的特点，保护植被、水域和自然景观，加强城市园林、绿地和风景名胜区的建设与管理。

第三十六条 国家鼓励和引导公民、法人和其他组织使用有利于保护环境的产品和再生产品，减少废弃物的产生。

国家机关和使用财政资金的其他组织应当优先采购和使用节

能、节水、节材等有利于保护环境的产品、设备和设施。

第三十七条　地方各级人民政府应当采取措施，组织对生活废弃物的分类处置、回收利用。

第三十八条　公民应当遵守环境保护法律法规，配合实施环境保护措施，按照规定对生活废弃物进行分类放置，减少日常生活对环境造成的损害。

第三十九条　国家建立、健全环境与健康监测、调查和风险评估制度；鼓励和组织开展环境质量对公众健康影响的研究，采取措施预防和控制与环境污染有关的疾病。

第四章　防治污染和其他公害

第四十条　国家促进清洁生产和资源循环利用。

国务院有关部门和地方各级人民政府应当采取措施，推广清洁能源的生产和使用。

企业应当优先使用清洁能源，采用资源利用率高、污染物排放量少的工艺、设备以及废弃物综合利用技术和污染物无害化处理技术，减少污染物的产生。

第四十一条　建设项目中防治污染的设施，应当与主体工程同时设计、同时施工、同时投产使用。防治污染的设施应当符合经批准的环境影响评价文件的要求，不得擅自拆除或者闲置。

第四十二条　排放污染物的企业事业单位和其他生产经营者，应当采取措施，防治在生产建设或者其他活动中产生的废气、废水、废渣、医疗废物、粉尘、恶臭气体、放射性物质以及噪声、振动、光辐射、电磁辐射等对环境的污染和危害。

排放污染物的企业事业单位，应当建立环境保护责任制度，明确单位负责人和相关人员的责任。

重点排污单位应当按照国家有关规定和监测规范安装使用监测设备，保证监测设备正常运行，保存原始监测记录。

严禁通过暗管、渗井、渗坑、灌注或者篡改、伪造监测数据，或者不正常运行防治污染设施等逃避监管的方式违法排放污染物。

第四十三条　排放污染物的企业事业单位和其他生产经营者，应当按照国家有关规定缴纳排污费。排污费应当全部专项用于环境污染防治，任何单位和个人不得截留、挤占或者挪作他用。

依照法律规定征收环境保护税的，不再征收排污费。

第四十四条　国家实行重点污染物排放总量控制制度。重点污染物排放总量控制指标由国务院下达，省、自治区、直辖市人民政府分解落实。企业事业单位在执行国家和地方污染物排放标准的同时，应当遵守分解落实到本单位的重点污染物排放总量控制指标。

对超过国家重点污染物排放总量控制指标或者未完成国家确定的环境质量目标的地区，省级以上人民政府环境保护主管部门应当暂停审批其新增重点污染物排放总量的建设项目环境影响评价文件。

第四十五条　国家依照法律规定实行排污许可管理制度。

实行排污许可管理的企业事业单位和其他生产经营者应当按照排污许可证的要求排放污染物；未取得排污许可证的，不得排放污染物。

第四十六条　国家对严重污染环境的工艺、设备和产品实行淘汰制度。任何单位和个人不得生产、销售或者转移、使用严重污染环境的工艺、设备和产品。

禁止引进不符合我国环境保护规定的技术、设备、材料和产品。

第四十七条 各级人民政府及其有关部门和企业事业单位,应当依照《中华人民共和国突发事件应对法》的规定,做好突发环境事件的风险控制、应急准备、应急处置和事后恢复等工作。

县级以上人民政府应当建立环境污染公共监测预警机制,组织制定预警方案;环境受到污染,可能影响公众健康和环境安全时,依法及时公布预警信息,启动应急措施。

企业事业单位应当按照国家有关规定制定突发环境事件应急预案,报环境保护主管部门和有关部门备案。在发生或者可能发生突发环境事件时,企业事业单位应当立即采取措施处理,及时通报可能受到危害的单位和居民,并向环境保护主管部门和有关部门报告。

突发环境事件应急处置工作结束后,有关人民政府应当立即组织评估事件造成的环境影响和损失,并及时将评估结果向社会公布。

第四十八条 生产、储存、运输、销售、使用、处置化学物品和含有放射性物质的物品,应当遵守国家有关规定,防止污染环境。

第四十九条 各级人民政府及其农业等有关部门和机构应当指导农业生产经营者科学种植和养殖,科学合理施用农药、化肥等农业投入品,科学处置农用薄膜、农作物秸秆等农业废弃物,防止农业面源污染。

禁止将不符合农用标准和环境保护标准的固体废物、废水施入农田。施用农药、化肥等农业投入品及进行灌溉,应当采取措施,防止重金属和其他有毒有害物质污染环境。

畜禽养殖场、养殖小区、定点屠宰企业等的选址、建设和管理应当符合有关法律法规规定。从事畜禽养殖和屠宰的单位和个人应当采取措施,对畜禽粪便、尸体和污水等废弃物进行科学处置,防止污染环境。

县级人民政府负责组织农村生活废弃物的处置工作。

第五十条 各级人民政府应当在财政预算中安排资金，支持农村饮用水水源地保护、生活污水和其他废弃物处理、畜禽养殖和屠宰污染防治、土壤污染防治和农村工矿污染治理等环境保护工作。

第五十一条 各级人民政府应当统筹城乡建设污水处理设施及配套管网，固体废物的收集、运输和处置等环境卫生设施，危险废物集中处置设施、场所以及其他环境保护公共设施，并保障其正常运行。

第五十二条 国家鼓励投保环境污染责任保险。

第五章 信息公开和公众参与

第五十三条 公民、法人和其他组织依法享有获取环境信息、参与和监督环境保护的权利。

各级人民政府环境保护主管部门和其他负有环境保护监督管理职责的部门，应当依法公开环境信息、完善公众参与程序，为公民、法人和其他组织参与和监督环境保护提供便利。

第五十四条 国务院环境保护主管部门统一发布国家环境质量、重点污染源监测信息及其他重大环境信息。省级以上人民政府环境保护主管部门定期发布环境状况公报。

县级以上人民政府环境保护主管部门和其他负有环境保护监督管理职责的部门，应当依法公开环境质量、环境监测、突发环境事件以及环境行政许可、行政处罚、排污费的征收和使用情况等信息。

县级以上地方人民政府环境保护主管部门和其他负有环境保护

监督管理职责的部门,应当将企业事业单位和其他生产经营者的环境违法信息记入社会诚信档案,及时向社会公布违法者名单。

第五十五条　重点排污单位应当如实向社会公开其主要污染物的名称、排放方式、排放浓度和总量、超标排放情况,以及防治污染设施的建设和运行情况,接受社会监督。

第五十六条　对依法应当编制环境影响报告书的建设项目,建设单位应当在编制时向可能受影响的公众说明情况,充分征求意见。

负责审批建设项目环境影响评价文件的部门在收到建设项目环境影响报告书后,除涉及国家秘密和商业秘密的事项外,应当全文公开;发现建设项目未充分征求公众意见的,应当责成建设单位征求公众意见。

第五十七条　公民、法人和其他组织发现任何单位和个人有污染环境和破坏生态行为的,有权向环境保护主管部门或者其他负有环境保护监督管理职责的部门举报。

公民、法人和其他组织发现地方各级人民政府、县级以上人民政府环境保护主管部门和其他负有环境保护监督管理职责的部门不依法履行职责的,有权向其上级机关或者监察机关举报。

接受举报的机关应当对举报人的相关信息予以保密,保护举报人的合法权益。

第五十八条　对污染环境、破坏生态,损害社会公共利益的行为,符合下列条件的社会组织可以向人民法院提起诉讼:

(一)依法在设区的市级以上人民政府民政部门登记;

(二)专门从事环境保护公益活动连续五年以上且无违法记录。

符合前款规定的社会组织向人民法院提起诉讼,人民法院应当依法受理。

提起诉讼的社会组织不得通过诉讼牟取经济利益。

第六章　法律责任

第五十九条　企业事业单位和其他生产经营者违法排放污染物，受到罚款处罚，被责令改正，拒不改正的，依法作出处罚决定的行政机关可以自责令改正之日的次日起，按照原处罚数额按日连续处罚。

前款规定的罚款处罚，依照有关法律法规按照防治污染设施的运行成本、违法行为造成的直接损失或者违法所得等因素确定的规定执行。

地方性法规可以根据环境保护的实际需要，增加第一款规定的按日连续处罚的违法行为的种类。

第六十条　企业事业单位和其他生产经营者超过污染物排放标准或者超过重点污染物排放总量控制指标排放污染物的，县级以上人民政府环境保护主管部门可以责令其采取限制生产、停产整治等措施；情节严重的，报经有批准权的人民政府批准，责令停业、关闭。

第六十一条　建设单位未依法提交建设项目环境影响评价文件或者环境影响评价文件未经批准，擅自开工建设的，由负有环境保护监督管理职责的部门责令停止建设，处以罚款，并可以责令恢复原状。

第六十二条　违反本法规定，重点排污单位不公开或者不如实公开环境信息的，由县级以上地方人民政府环境保护主管部门责令公开，处以罚款，并予以公告。

第六十三条　企业事业单位和其他生产经营者有下列行为之一，尚不构成犯罪的，除依照有关法律法规规定予以处罚外，由县级以上人民政府环境保护主管部门或者其他有关部门将案件移送公安机关，对其直接负责的主管人员和其他直接责任人员，处十日以上十五日以下拘留；情节较轻的，处五日以上十日以下拘留：

（一）建设项目未依法进行环境影响评价，被责令停止建设，拒不执行的；

（二）违反法律规定，未取得排污许可证排放污染物，被责令停止排污，拒不执行的；

（三）通过暗管、渗井、渗坑、灌注或者篡改、伪造监测数据，或者不正常运行防治污染设施等逃避监管的方式违法排放污染物的；

（四）生产、使用国家明令禁止生产、使用的农药，被责令改正，拒不改正的。

第六十四条　因污染环境和破坏生态造成损害的，应当依照《中华人民共和国侵权责任法》的有关规定承担侵权责任。

第六十五条　环境影响评价机构、环境监测机构以及从事环境监测设备和防治污染设施维护、运营的机构，在有关环境服务活动中弄虚作假，对造成的环境污染和生态破坏负有责任的，除依照有关法律法规规定予以处罚外，还应当与造成环境污染和生态破坏的其他责任者承担连带责任。

第六十六条　提起环境损害赔偿诉讼的时效期间为三年，从当事人知道或者应当知道其受到损害时起计算。

第六十七条　上级人民政府及其环境保护主管部门应当加强对下级人民政府及其有关部门环境保护工作的监督。发现有关工作人员有违法行为，依法应当给予处分的，应当向其任免机关或者监察机关提出处分建议。

依法应当给予行政处罚，而有关环境保护主管部门不给予行政处罚的，上级人民政府环境保护主管部门可以直接作出行政处罚的决定。

第六十八条 地方各级人民政府、县级以上人民政府环境保护主管部门和其他负有环境保护监督管理职责的部门有下列行为之一的,对直接负责的主管人员和其他直接责任人员给予记过、记大过或者降级处分;造成严重后果的,给予撤职或者开除处分,其主要负责人应当引咎辞职:

(一)不符合行政许可条件准予行政许可的;

(二)对环境违法行为进行包庇的;

(三)依法应当作出责令停业、关闭的决定而未作出的;

(四)对超标排放污染物、采用逃避监管的方式排放污染物、造成环境事故以及不落实生态保护措施造成生态破坏等行为,发现或者接到举报未及时查处的;

(五)违反本法规定,查封、扣押企业事业单位和其他生产经营者的设施、设备的;

(六)篡改、伪造或者指使篡改、伪造监测数据的;

(七)应当依法公开环境信息而未公开的;

(八)将征收的排污费截留、挤占或者挪作他用的;

(九)法律法规规定的其他违法行为。

第六十九条 违反本法规定,构成犯罪的,依法追究刑事责任。

第七章 附 则

第七十条 本法自2015年1月1日起施行。

附 录

环境保护法规解释管理办法

国家环境保护总局令
第 1 号

1998 年 12 月 08 日

第一条 为规范环境保护法律、行政法规和部门规章的解释工作（以下简称"法规解释"），根据《全国人民代表大会常务委员会关于加强法律解释工作的决议》和《国务院办公厅关于行政法规解释权限和程序问题的通知》有关规定，制定本办法。

第二条 环境保护法律的条文本身需要进一步明确界限或者作出补充规定的问题，按照《全国人民代表大会常务委员会关于加强法律解释工作的决议》办理。

环境保护行政法规的条文本身需要进一步明确界限或者作出补充规定的问题，按照《国务院办公厅关于行政法规解释权限和程序问题的通知》办理。

第三条 环境保护法律、行政法规具体适用的问题，部门规章理解和执行中的问题，以及环境保护法律、行政法规授权国务院环境保护行政主管部门解释的问题，由国家环境保护总局解释。

第四条 国家环境保护总局公布的法规解释，具有普遍执行的效力，可作为各级环境保护行政主管部门和其他依照法律规定行使环境保护监督管理权的部门的执法依据，可以在有关环境法律文书中直接引用。

第五条　国家环境保护总局对地方各级环境保护行政主管部门执行国家环境法规解释的情况进行监督，发现执行国家环境法规解释的具体行政行为与解释相违背的，责成其改正或者依法予以撤销。

第六条　有下列情形之一的，国家环境保护总局应当做出法规解释：

（一）地方环境保护行政主管部门向国家环境保护总局提出法规解释请示的；

（二）其他国家机关建议或者商请国家环境保护总局作出法规解释的；

（三）国家环境保护总局根据环境行政执法工作的实际情况，认为需要作出法规解释的；

（四）需要作出法规解释的其他情形。

第七条　省、自治区、直辖市环境保护行政主管部门（以下简称省级环境保护行政主管部门）在报请国家环境保护总局作出法规解释时，除提出请示解释的问题外，应当同时提出本部门的意见，并附送有关本案的主要背景材料。

报请国家环境保护总局作出法规解释的请示，应当一事一请示。

第八条　省级环境保护行政主管部门报请国家环境保护总局作出法规解释，应当以正式文件提出请示，以其他形式提出的请示，不作为办理法规解释的依据。

第九条　省级以下的地方环境保护行政主管部门认为需要报请国家环境保护总局作出法规解释的，应当按程序报省级环境保护行政主管部门审核决定，并由省级环境保护行政主管部门向国家环境保护总局提出请示；因特殊情况必须越级请示的，应当抄送被越过的上级环境保护行政主管部门。

第十条　国家环境保护总局政策法规司管理和组织办理法规解释。

国家环境保护总局有关司（办）配合法规部门办理涉及其职责范围的法规解释。

第十一条　法规解释按照以下程序进行：

（一）根据本办法第六条所列情形，法规部门确定法规解释项目；

（二）法规部门组织、研究提出法规解释草案，涉及核安全法规解释的问题，由总局核安全部门提出解释草案；

（三）法规部门组织论证，必要时可征求国家有关机关的意见，提出法规解释送审稿；

（四）按照程序将解释送审稿报总局局长签发。

第十二条　对已经确定的法规解释项目，应当在两个月内完成。对于重大和复杂问题的解释，时限可以适当延长。

第十三条　法规解释文件分别使用以下形式：

（一）对环境保护法律、行政法规的解释，以国家环境保护总局文件的形式作出；

（二）对环境保护部门规章的解释，以国家环境保护总局函的形式作出。

第十四条　国家环境保护总局作出的法规解释，除发送提出请示的部门外，可视情况在全国公开发行的主要环境报刊上公布，必要时抄送国家有关机关。

第十五条　国家环境保护总局和原国家环境保护局作出的法规解释，如与新颁布的环境保护法律、行政法规或者部门规章不一致的，原已作出的法规解释自动失效。

第十六条 国家环境保护总局应适时对法规解释文件进行清理。对需要修改、补充或者废止的法规解释，参照本办法有关制定解释的程序办理。

第十七条 环境保护国家标准、行业标准由国家环境保护总局负责解释，并由总局标准部门参照本办法规定的程序组织办理。

第十八条 地方环境保护行政主管部门请示或者其他国家机关建议国家环境保护总局解释的问题，如不属于环境保护法规解释的范围，由有关司（办）按职责分工办理。

第十九条 环境保护地方性法规、地方政府规章和地方标准的解释，由地方环境保护行政主管部门按规定的权限，参照本办法办理。

第二十条 本办法自发布之日起施行。

环境标准管理办法

国家环境保护总局令

第 3 号

《环境标准管理办法》已于1999年1月5日经国家环境保护总局局务会议讨论通过，现予发布施行。

1999 年 04 月 01 日

第一章 总 则

第一条 为加强环境标准管理工作，依据《中华人民共和国环境保护法》和《中华人民共和国标准化法》的有关规定，制定本办法。

第二条 本办法适用于环境标准的制定、实施及对实施环境标准的监督。

第三条 为防治环境污染，维护生态平衡，保护人体健康，国务院环境保护行政主管部门和省、自治区、直辖市人民政府依据国家有关法律规定，对环境保护工作中需要统一的各项技术规范和技术要求，制定环境标准。

环境标准分为国家环境标准、地方环境标准和国家环境保护总局标准。

国家环境标准包括国家环境质量标准、国家污染物排放标准（或控制标准）、国家环境监测方法标准、国家环境标准样品标准和国家环境基础标准。

地方环境标准包括地方环境质量标准和地方污染物排放标准（或控制标准）。

第四条 国家环境标准和国家环境保护总局标准在全国范围内执行。国家环境标准发布后，相应的国家环境保护总局标准自行废止。

地方环境标准在颁布该标准的省、自治区、直辖市辖区范围内执行。

第五条 环境标准分为强制性环境标准和推荐性环境标准。

环境质量标准、污染物排放标准和法律、行政法规规定必须执行的其他环境标准属于强制性环境标准，强制性环境标准必须执行。

强制性环境标准以外的环境标准属于推荐性环境标准。国家鼓励采用推荐性环境标准，推荐性环境标准被强制性环境标准引用，也必须强制执行。

第六条 国家环境保护总局负责全国环境标准管理工作，负责制定国家环境标准和国家环境保护总局标准，负责地方环境标准的备案审查，指导地方环境标准管理工作。

县级以上地方人民政府环境保护行政主管部门负责本行政区域内的环境标准管理工作，负责组织实施国家环境标准、国家环境保护总局标准和地方环境标准。

第二章 环境标准的制定

第七条 对下列需要统一的技术规范和技术要求，应制定相应的环境标准：

（一）为保护自然环境、人体健康和社会物质财富，限制环境中的有害物质和因素，制定环境质量标准；

（二）为实现环境质量标准，结合技术经济条件和环境特点，限制排入环境中的污染物或对环境造成危害的其他因素，制定污染物排放标准（或控制标准）；

（三）为监测环境质量和污染物排放，规范采样、分析测试、数据处理等技术，制定国家环境监测方法标准；

（四）为保证环境监测数据的准确、可靠，对用于量值传递或质量控制的材料、实物样品，制定国家环境标准样品；

（五）对环境保护工作中，需要统一的技术术语、符号、代号（代码）、图形、指南、导则及信息编码等，制定国家环境基础标准。

第八条　需要在全国环境保护工作范围内统一的技术要求而又没有国家环境标准时，应制定国家环境保护总局标准。

第九条　省、自治区、直辖市人民政府对国家环境质量标准中未作规定的项目，可以制定地方环境质量标准；对国家污染物排放标准中未作规定的项目，可以制定地方污染物排放标准；对国家污染物排放标准已作规定的项目，可以制定严于国家污染物排放标准的地方污染物排放标准。

第十条　制定环境标准应遵循下列原则：

（一）以国家环境保护方针、政策、法律、法规及有关规章为依据，以保护人体健康和改善环境质量为目标，促进环境效益、经济效益、社会效益的统一；

（二）环境标准应与国家的技术水平、社会经济承受能力相适应；

（三）各类环境标准之间应协调配套；

（四）标准应便于实施与监督；

（五）借鉴适合我国国情的国际标准和其他国家的标准。

第十一条 制定环境标准应遵循下列基本程序：

（一）编制标准制（修）订项目计划；

（二）组织拟订标准草案；

（三）对标准草案征求意见；

（四）组织审议标准草案；

（五）审查批准标准草案；

（六）按照各类环境标准规定的程序编号、发布。

第十二条 国家环境保护总局可委托其他组织拟订国家环境标准和国家环境保护总局标准。受委托拟订标准的组织应具备下列条件：

（一）具有熟悉国家环境保护法律、法规、环境标准和拟订环境标准相关业务的专业技术人员；

（二）具有拟订环境监测方法标准相适应的分析实验手段。

第十三条 省、自治区、直辖市人民政府环境保护行政主管部门可根据地方环境管理需要，组织拟订地方环境标准草案，报省、自治区、直辖市人民政府批准、发布。

地方环境标准草案征求国家环境保护总局的意见。

第十四条 地方环境标准必须自发布之日起两个月内报国家环境保护总局备案。

备案的材料应包括标准发布文件、标准文本及编制说明。

第十五条 国家环境标准和国家环境保护总局标准实施后，国家环境保护总局应根据环境管理的需要和国家经济技术的发展适时进行审查，发现不符合实际需要的，应予以修订或者废止。

省、自治区、直辖市人民政府环境保护行政主管部门应根据当地环境与经济技术状况以及国家环境标准、国家环境保护总局标准制（修）订情况，及时向省、自治区、直辖市人民政府提出修订或者废止地方环境标准的建议。

第三章　环境标准的实施与监督

第十六条　环境质量标准的实施：

（一）县级以上的地方人民政府环境保护行政主管部门在实施环境质量标准时，应结合所辖区域环境要素的使用目的和保护目的划分环境功能区，对各类环境功能区按照环境质量标准的要求进行相应标准级别的管理。

（二）县级以上地方人民政府环境保护行政主管部门在实施环境质量标准时，应按国家规定，选定环境质量标准的监测点位或断面。经批准确定的监测点位、断面不得任意变更。

（三）各级环境监测站和有关环境监测机构应按照环境质量标准和与之相关的其他环境标准规定的采样方法、频率和分析方法进行环境质量监测。

（四）承担环境影响评价工作的单位应按照环境质量标准进行环境质量评价。

（五）跨省河流、湖泊以及由大气传输引起的环境质量标准执行方面的争议，由有关省、自治区、直辖市人民政府环境保护行政主管部门协调解决，协调无效时，报国家环境保护总局协调解决。

第十七条　污染物排放标准的实施：

（一）县级以上人民政府环境保护行政主管部门在审批建设项目环境影响报告书（表）时，应根据下列因素或情形确定该建设项目应执行的污染物排放标准：

1. 建设项目所属的行业类别、所处环境功能区、排放污染物种类、污染物排放去向和建设项目环境影响报告书（表）批准的时间。

2. 建设项目向已有地方污染物排放标准的区域排放污染物时，应执行地方污染物排放标准，对于地方污染物排放标准中没有规定的指标，执行国家污染物排放标准中相应的指标。

3. 实行总量控制区域内的建设项目，在确定排污单位应执行的污染物排放标准的同时，还应确定排污单位应执行的污染物排放总量控制指标。

4. 建设从国外引进的项目，其排放的污染物在国家和地方污染物排放标准中无相应污染物排放指标时，该建设项目引进单位应提交项目输出国或发达国家现行的该污染物排放标准及有关技术资料，由市（地）人民政府环境保护行政主管部门结合当地环境条件和经济技术状况，提出该项目应执行的排污指标，经省、自治区、直辖市人民政府环境保护行政主管部门批准后实行，并报国家环境保护总局备案。

（二）建设项目的设计、施工、验收及投产后，均应执行经环境保护行政主管部门在批准的建设项目环境影响报告书（表）中所确定的污染物排放标准。

（三）企事业单位和个体工商业者排放污染物，应按所属的行业类型、所处环境功能区、排放污染物种类、污染物排放去向执行相应的国家和地方污染物排放标准，环境保护行政主管部门应加强监督检查。

第十八条 国家环境监测方法标准的实施：

（一）被环境质量标准和污染物排放标准等强制性标准引用的方法标准具有强制性，必须执行。

（二）在进行环境监测时，应按照环境质量标准和污染物排放标准的规定，确定采样位置和采样频率，并按照国家环境监测方法标准的规定测试与计算。

（三）对于地方环境质量标准和污染物排放标准中规定的项目，如果没有相应的国家环境监测方法标准时，可由省、自治区、直辖市人民政府环境保护行政主管部门组织制定地方统一分析方法，与地方环境质量标准或污染物排放标准配套执行。相应的国家环境监测方法标准发布后，地方统一分析方法停止执行。

（四）因采用不同的国家环境监测方法标准所得监测数据发生争议时，由上级环境保护行政主管部门裁定，或者指定采用一种国家环境监测方法标准进行复测。

第十九条 在下列环境监测活动中应使用国家环境标准样品：

（一）对各级环境监测分析实验室及分析人员进行质量控制考核；

（二）校准、检验分析仪器；

（三）配制标准溶液；

（四）分析方法验证以及其他环境监测工作。

第二十条 在下列活动中应执行国家环境基础标准或国家环境保护总局标准：

（一）使用环境保护专业用语和名词术语时，执行环境名词术语标准；

（二）排污口和污染物处理、处置场所设置图形标志时，执行国家环境保护图形标志标准；

（三）环境保护档案、信息进行分类和编码时，采用环境档案、信息分类与编码标准；

（四）制定各类环境标准时，执行环境标准编写技术原则及技术规定；

（五）划分各类环境功能区时，执行环境功能区划分技术规范；

（六）进行生态和环境质量影响评价时，执行有关环境影响评价技术导则及规范；

（七）进行自然保护区建设和管理时，执行自然保护区管理的技术规范和标准；

（八）对环境保护专用仪器设备进行认定时，采用有关仪器设备的国家环境保护总局标准；

（九）其他需要执行国家环境基础标准或国家环境保护总局标准的环境保护活动。

第二十一条　国家环境标准和国家环境保护总局标准由国家环境保护总局负责解释；国家环境保护总局可委托有关技术单位解释。

第二十二条　县级以上人民政府环境保护行政主管部门在向同级人民政府和上级环境保护行政主管部门汇报环境保护工作时，应将环境标准执行情况作为一项重要内容。

第二十三条　国家环境保护总局负责对地方环境保护行政主管部门监督实施污染物排放标准的情况进行检查。

第二十四条　违反国家法律和法规规定，越权制定的国家环境质量标准和污染物排放标准无效。

第二十五条　对不执行强制性环境标准的，依据法律和法规有关规定予以处罚。

第四章　附　则

第二十六条　本办法中的国家环境保护总局标准是指环境保护

行业标准。

第二十七条 国家环境标准和国家环境保护总局标准由国家环境保护总局委托有关出版社出版、发行。

第二十八条 本办法自发布之日起实行。自发布之日起,《中华人民共和国环境保护标准管理办法》即行废止。

第二十九条 本办法由国家环境保护总局解释。

"十三五"生态环境保护规划

国务院关于印发"十三五"生态环境保护规划的通知

国发〔2016〕65号

各省、自治区、直辖市人民政府，国务院各部委、各直属机构：

现将《"十三五"生态环境保护规划》印发给你们，请认真贯彻实施。

国务院

2016年11月24日

第一章　全国生态环境保护形势

党中央、国务院高度重视生态环境保护工作。"十二五"以来，坚决向污染宣战，全力推进大气、水、土壤污染防治，持续加大生态环境保护力度，生态环境质量有所改善，完成了"十二五"规划确定的主要目标和任务。"十三五"期间，经济社会发展不平衡、不协调、不可持续的问题仍然突出，多阶段、多领域、多类型生态环境问题交织，生态环境与人民群众需求和期待差距较大，提高环境质量，加强生态环境综合治理，加快补齐生态环境短板，是当前核心任务。

第一节　生态环境保护取得积极进展

生态文明建设上升为国家战略。党中央、国务院高度重视生态文明建设。习近平总书记多次强调，"绿水青山就是金山银山"，

"要坚持节约资源和保护环境的基本国策","像保护眼睛一样保护生态环境,像对待生命一样对待生态环境"。李克强总理多次指出,要加大环境综合治理力度,提高生态文明水平,促进绿色发展,下决心走出一条经济发展与环境改善双赢之路。党的十八大以来,党中央、国务院把生态文明建设摆在更加重要的战略位置,纳入"五位一体"总体布局,作出一系列重大决策部署,出台《生态文明体制改革总体方案》,实施大气、水、土壤污染防治行动计划。把发展观、执政观、自然观内在统一起来,融入到执政理念、发展理念中,生态文明建设的认识高度、实践深度、推进力度前所未有。

生态环境质量有所改善。2015年,全国338个地级及以上城市细颗粒物(PM2.5)年均浓度为50微克/立方米,首批开展监测的74个城市细颗粒物年均浓度比2013年下降23.6%,京津冀、长三角、珠三角分别下降27.4%、20.9%、27.7%,酸雨区占国土面积比例由历史高峰值的30%左右降至7.6%,大气污染防治初见成效。全国1940个地表水国控断面Ⅰ—Ⅲ类比例提高至66%,劣Ⅴ类比例下降至9.7%,大江大河干流水质明显改善。全国森林覆盖率提高至21.66%,森林蓄积量达到151.4亿立方米,草原综合植被盖度54%。建成自然保护区2740个,占陆地国土面积14.8%,超过90%的陆地自然生态系统类型、89%的国家重点保护野生动植物种类以及大多数重要自然遗迹在自然保护区内得到保护,大熊猫、东北虎、朱鹮、藏羚羊、扬子鳄等部分珍稀濒危物种野外种群数量稳中有升。荒漠化和沙化状况连续三个监测周期实现面积"双缩减"。

治污减排目标任务超额完成。到2015年,全国脱硫、脱硝机组容量占煤电总装机容量比例分别提高到99%、92%,完成煤电机组超低排放改造1.6亿千瓦。全国城市污水处理率提高到92%,城市建成区生活垃圾无害化处理率达到94.1%。7.2万个村庄实施环境综合整治，1.2亿多农村人口直接受益。6.1万家规模化养殖场（小区）建成废弃物处理和资源化利用设施。"十二五"期间，全国化学需氧量和氨氮、二氧化硫、氮氧化物排放总量分别累计下降12.9%、13%、18%、18.6%。

生态保护与建设取得成效。天然林资源保护、退耕还林还草、退牧还草、防护林体系建设、河湖与湿地保护修复、防沙治沙、水土保持、石漠化治理、野生动植物保护及自然保护区建设等一批重大生态保护与修复工程稳步实施。重点国有林区天然林全部停止商业性采伐。全国受保护的湿地面积增加525.94万公顷，自然湿地保护率提高到46.8%。沙化土地治理10万平方公里、水土流失治理26.6万平方公里。完成全国生态环境十年变化（2000—2010年）调查评估，发布《中国生物多样性红色名录》。建立各级森林公园、湿地公园、沙漠公园4300多个。16个省（区、市）开展生态省建设，1000多个市（县、区）开展生态市（县、区）建设，114个市（县、区）获得国家生态建设示范区命名。国有林场改革方案及国有林区改革指导意见印发实施，6个省完成国有林场改革试点任务。

环境风险防控稳步推进。到2015年，50个危险废物、273个医疗废物集中处置设施基本建成，历史遗留的670万吨铬渣全部处置完毕，铅、汞、镉、铬、砷五种重金属污染物排放量比2007年下降27.7%，涉重金属突发环境事件数量大幅减少。科学应对天津港"8·12"特别重大火灾爆炸等事故环境影响。核设施安全水平持续提高，核技术利用管理日趋规范，辐射环境质量保持良好。

生态环境法治建设不断完善。环境保护法、大气污染防治法、放射性废物安全管理条例、环境空气质量标准等完成制修订，生态环境损害责任追究办法等文件陆续出台,生态保护补偿机制进一步健全。深入开展环境保护法实施年活动和环境保护综合督察。全社会生态环境法治观念和意识不断加强。

第二节 生态环境是全面建成小康社会的突出短板

污染物排放量大面广,环境污染重。 我国化学需氧量、二氧化硫等主要污染物排放量仍然处于2000万吨左右的高位,环境承载能力超过或接近上限。78.4%的城市空气质量未达标,公众反映强烈的重度及以上污染天数比例占3.2%,部分地区冬季空气重污染频发高发。饮用水水源安全保障水平亟需提升,排污布局与水环境承载能力不匹配,城市建成区黑臭水体大量存在,湖库富营养化问题依然突出,部分流域水体污染依然较重。全国土壤点位超标率16.1%,耕地土壤点位超标率19.4%,工矿废弃地土壤污染问题突出。城乡环境公共服务差距大,治理和改善任务艰巨。

山水林田湖缺乏统筹保护,生态损害大。 中度以上生态脆弱区域占全国陆地国土面积的55%,荒漠化和石漠化土地占国土面积的近20%。森林系统低质化、森林结构纯林化、生态功能低效化、自然景观人工化趋势加剧,每年违法违规侵占林地约200万亩,全国森林单位面积蓄积量只有全球平均水平的78%。全国草原生态总体恶化局面尚未根本扭转,中度和重度退化草原面积仍占1/3以上,已恢复的草原生态系统较为脆弱。全国湿地面积近年来每年减少约510万亩,900多种脊椎动物、3700多种高等植物生存受到威胁。资源过度开发利用导致生态破坏问题突出,生态空间不断被蚕食侵占,一些地区生态资源破坏严重,系统保护难度加大。

产业结构和布局不合理,生态环境风险高。 我国是化学品生产和消费大国,有毒有害污染物种类不断增加,区域性、结构性、布局性环境风险日益凸显。环境风险企业数量庞大、近水靠城,危险化学品安全事故导致的环境污染事件频发。突发环境事件呈现原因复杂、污染物质多样、影响地域敏感、影响范围扩大的趋势。过去十年年均发生森林火灾7600多起,森林病虫害发生面积1.75亿亩以上。近年来,年均截获有害生物达100万批次,动植物传染及检疫性有害生物从国境口岸传入风险高。

第三节 生态环境保护面临机遇与挑战

"十三五"期间,生态环境保护面临重要的战略机遇。全面深化改革与全面依法治国深入推进,创新发展和绿色发展深入实施,生态文明建设体制机制逐步健全,为环境保护释放政策红利、法治红利和技术红利。经济转型升级、供给侧结构性改革加快化解重污染过剩产能、增加生态产品供给,污染物新增排放压力趋缓。公众生态环境保护意识日益增强,全社会保护生态环境的合力逐步形成。

同时,我国工业化、城镇化、农业现代化的任务尚未完成,生态环境保护仍面临巨大压力。伴随着经济下行压力加大,发展与保护的矛盾更加突出,一些地方环保投入减弱,进一步推进环境治理和质量改善任务艰巨。区域生态环境分化趋势显现,污染点状分布转向面上扩张,部分地区生态系统稳定性和服务功能下降,统筹协调保护难度大。我国积极应对全球气候变化,推进"一带一路"建设,国际社会尤其是发达国家要求我国承担更多环境责任,深度参与全球环境治理挑战大。

"十三五"期间,生态环境保护机遇与挑战并存,既是负重前行、大有作为的关键期,也是实现质量改善的攻坚期、窗口期。要充分利用新机遇新条件,妥善应对各种风险和挑战,坚定推进生态环境保护,提高生态环境质量。

第二章 指导思想、基本原则与主要目标

第一节 指导思想

全面贯彻党的十八大和十八届三中、四中、五中、六中全会精神,以邓小平理论、"三个代表"重要思想、科学发展观为指导,深入贯彻习近平总书记系列重要讲话精神和治国理政新理念新思想新战略,统筹推进"五位一体"总体布局和协调推进"四个全面"战略布局,牢固树立和贯彻落实创新、协调、绿色、开放、共享的发展理念,按照党中央、国务院决策部署,以提高环境质量为核心,实施最严格的环境保护制度,打好大气、水、土壤污染防治三大战役,加强生态保护与修复,严密防控生态环境风险,加快推进生态环境领域国家治理体系和治理能力现代化,不断提高生态环境管理系统化、科学化、法治化、精细化、信息化水平,为人民提供更多优质生态产品,为实现"两个一百年"奋斗目标和中华民族伟大复兴的中国梦作出贡献。

第二节 基本原则

坚持绿色发展、标本兼治。绿色富国、绿色惠民,处理好发展和保护的关系,协同推进新型工业化、城镇化、信息化、农业现代化与绿色化。坚持立足当前与着眼长远相结合,加强生态环境保护与稳增长、调结构、惠民生、防风险相结合,强化源头防控,推进供给侧结构性改革,优化空间布局,推动形成绿色生产和绿色生活方式,从源头预防生态破坏和环境污染,加大生态环境治理力度,促进人与自然和谐发展。

坚持质量核心、系统施治。以解决生态环境突出问题为导向,分区域、分流域、分阶段明确生态环境质量改善目标任务。统筹运

用结构优化、污染治理、污染减排、达标排放、生态保护等多种手段，实施一批重大工程，开展多污染物协同防治，系统推进生态修复与环境治理，确保生态环境质量稳步提升，提高优质生态产品供给能力。

坚持空间管控、分类防治。生态优先，统筹生产、生活、生态空间管理，划定并严守生态保护红线，维护国家生态安全。建立系统完整、责权清晰、监管有效的管理格局，实施差异化管理，分区分类管控，分级分项施策，提升精细化管理水平。

坚持改革创新、强化法治。以改革创新推进生态环境保护，转变环境治理理念和方式，改革生态环境治理基础制度，建立覆盖所有固定污染源的企业排放许可制，实行省以下环保机构监测监察执法垂直管理制度，加快形成系统完整的生态文明制度体系。加强环境立法、环境司法、环境执法，从硬从严，重拳出击，促进全社会遵纪守法。依靠法律和制度加强生态环境保护，实现源头严防、过程严管、后果严惩。

坚持履职尽责、社会共治。建立严格的生态环境保护责任制度，合理划分中央和地方环境保护事权和支出责任，落实生态环境保护"党政同责"、"一岗双责"。落实企业环境治理主体责任，动员全社会积极参与生态环境保护，激励与约束并举，政府与市场"两手发力"，形成政府、企业、公众共治的环境治理体系。

第三节 主要目标

到2020年，生态环境质量总体改善。生产和生活方式绿色、低碳水平上升，主要污染物排放总量大幅减少，环境风险得到有效控制，生物多样性下降势头得到基本控制，生态系统稳定性明显增强，生态安全屏障基本形成，生态环境领域国家治理体系和治理能力现代化取得重大进展，生态文明建设水平与全面建成小康社会目标相适应。

专栏1 "十三五"生态环境保护主要指标

指　　标	2015年	2020年	(累计)[1]	属性
生态环境质量				
1. 空气质量	地级及以上城市[2]空气质量优良天数比率（%）	76.7	>80	-	约束性
	细颗粒物未达标地级及以上城市浓度下降（%）	-	-	(18)	约束性
	地级及以上城市重度及以上污染天数比例下降（%）	-	-	(25)	预期性
2. 水环境质量	地表水质量[3]达到或好于Ⅲ类水体比例（%）	66	>70	-	约束性
	地表水质量劣Ⅴ类水体比例（%）	9.7	<5	-	约束性
	重要江河湖泊水功能区水质达标率（%）	70.8	>80	-	预期性
	地下水质量极差比例（%）	15.7[4]	15左右	-	预期性
	近岸海域水质优良（一、二类）比例（%）	70.5	70左右	-	预期性
3. 土壤环境质量	受污染耕地安全利用率（%）	70.6	90左右	-	约束性
	污染地块安全利用率（%）	-	90以上	-	约束性
4. 生态状况	森林覆盖率（%）	22.66	23.04	(1.38)	约束性
	森林蓄积量（亿立方米）	151	165	(14)	约束性
	湿地保有量（亿亩）	-	≥8	-	预期性
	草原综合植被盖度（%）	54	56	-	预期性
	重点生态功能区所属县域生态环境状况指数	60.4	>60.4	-	预期性

续表

指　　标		2015年	2020年	（累计）[1]	属性
5. 主要污染物排放总量减少（%）	化学需氧量	-	-	（10）	约束性
	氨氮	-	-	（10）	
	二氧化硫	-	-	（15）	
	氮氧化物	-	-	（15）	
6. 区域性污染物排放总量减少（%）	重点地区重点行业挥发性有机物[5]	-	-	（10）	预期性
	重点地区总氮[6]	-	-	（10）	预期性
	重点地区总磷[7]	-	-	（10）	
生态保护修复					
7. 国家重点保护野生动植物保护率（%）		-	>95	-	预期性
8. 全国自然岸线保有率（%）		-	≥35	-	预期性
9. 新增沙化土地治理面积（万平方公里）		-	-	（10）	预期性
10. 新增水土流失治理面积（万平方公里）		-	-	（27）	预期性

注：1. （）内为五年累计数。
2. 空气质量评价覆盖全国338个城市（含地、州、盟所在地及部分省辖县级市，不含三沙和儋州）。
3. 水环境质量评价覆盖全国地表水国控断面，断面数量由"十二五"期间的972个增加到1940个。
4. 为2013年数据。
5. 在重点地区、重点行业推进挥发性有机物总量控制，全国排放总量下降10%以上。
6. 对沿海56个城市及29个富营养化湖库实施总氮总量控制。
7. 总磷超标的控制单元以及上游相关地区实施总磷总量控制。

第三章 强化源头防控，夯实绿色发展基础

绿色发展是从源头破解我国资源环境约束瓶颈、提高发展质量的关键。要创新调控方式，强化源头管理，以生态空间管控引导构建绿色发展格局，以生态环境保护推进供给侧结构性改革，以绿色科技创新引领生态环境治理，促进重点区域绿色、协调发展，加快形成节约资源和保护环境的空间布局、产业结构和生产生活方式，从源头保护生态环境。

第一节 强化生态空间管控

全面落实主体功能区规划。强化主体功能区在国土空间开发保护中的基础作用，推动形成主体功能区布局。依据不同区域主体功能定位，制定差异化的生态环境目标、治理保护措施和考核评价要求。禁止开发区域实施强制性生态环境保护，严格控制人为因素对自然生态和自然文化遗产原真性、完整性的干扰，严禁不符合主体功能定位的各类开发活动，引导人口逐步有序转移。限制开发的重点生态功能区开发强度得到有效控制，形成环境友好型的产业结构，保持并提高生态产品供给能力，增强生态系统服务功能。限制开发的农产品主产区着力保护耕地土壤环境，确保农产品供给和质量安全。重点开发区域加强环境管理与治理，大幅降低污染物排放强度，减少工业化、城镇化对生态环境的影响，改善人居环境，努力提高环境质量。优化开发区域引导城市集约紧凑、绿色低碳发展，扩大绿色生态空间，优化生态系统格局。实施海洋主体功能区规划，优化海洋资源开发格局。

划定并严守生态保护红线。2017年底前，京津冀区域、长江经济带沿线各省（市）划定生态保护红线；2018年底前，其他省（区、市）划定生态保护红线；2020年底前，全面完成全国生态保

护红线划定、勘界定标，基本建立生态保护红线制度。制定生态保护红线管控措施，建立健全生态保护补偿机制，定期发布生态保护红线保护状况信息。建立监控体系与评价考核制度，对各省（区、市）生态保护红线保护成效进行评价考核。全面保障国家生态安全，保护和提升森林、草原、河流、湖泊、湿地、海洋等生态系统功能，提高优质生态产品供给能力。

推动"多规合一"。以主体功能区规划为基础，规范完善生态环境空间管控、生态环境承载力调控、环境质量底线控制、战略环评与规划环评刚性约束等环境引导和管控要求，制定落实生态保护红线、环境质量底线、资源利用上线和环境准入负面清单的技术规范，强化"多规合一"的生态环境支持。以市县级行政区为单元，建立由空间规划、用途管制、差异化绩效考核等构成的空间治理体系。积极推动建立国家空间规划体系，统筹各类空间规划，推进"多规合一"。研究制定生态环境保护促进"多规合一"的指导意见。自2018年起，启动省域、区域、城市群生态环境保护空间规划研究。

第二节　推进供给侧结构性改革

强化环境硬约束推动淘汰落后和过剩产能。建立重污染产能退出和过剩产能化解机制，对长期超标排放的企业、无治理能力且无治理意愿的企业、达标无望的企业，依法予以关闭淘汰。修订完善环境保护综合名录，推动淘汰高污染、高环境风险的工艺、设备与产品。鼓励各地制定范围更宽、标准更高的落后产能淘汰政策，京津冀地区要加大对不能实现达标排放的钢铁等过剩产能淘汰力度。依据区域资源环境承载能力，确定各地区造纸、制革、印染、焦化、炼硫、炼砷、炼油、电镀、农药等行业规模限值。实行新（改、扩）建项目重点污染物排放等量或减量置换。调整优化产业结构，煤炭、钢铁、水泥、平板玻璃等产能过剩行业实行产能等量或减量置换。

严格环保能耗要求促进企业加快升级改造。实施能耗总量和强度"双控"行动，全面推进工业、建筑、交通运输、公共机构等重点领域节能。严格新建项目节能评估审查，加强工业节能监察，强化全过程节能监管。钢铁、有色金属、化工、建材、轻工、纺织等传统制造业全面实施电机、变压器等能效提升、清洁生产、节水治污、循环利用等专项技术改造，实施系统能效提升、燃煤锅炉节能环保综合提升、绿色照明、余热暖民等节能重点工程。支持企业增强绿色精益制造能力，推动工业园区和企业应用分布式能源。

促进绿色制造和绿色产品生产供给。从设计、原料、生产、采购、物流、回收等全流程强化产品全生命周期绿色管理。支持企业推行绿色设计，开发绿色产品，完善绿色包装标准体系，推动包装减量化、无害化和材料回收利用。建设绿色工厂，发展绿色工业园区，打造绿色供应链，开展绿色评价和绿色制造工艺推广行动，全面推进绿色制造体系建设。增强绿色供给能力，整合环保、节能、节水、循环、低碳、再生、有机等产品认证，建立统一的绿色产品标准、认证、标识体系。发展生态农业和有机农业，加快有机食品基地建设和产业发展，增加有机产品供给。到2020年，创建百家绿色设计示范企业、百家绿色示范园区、千家绿色示范工厂，绿色制造体系基本建立。

推动循环发展。实施循环发展引领计划，推进城市低值废弃物集中处置，开展资源循环利用示范基地和生态工业园区建设，建设一批循环经济领域国家新型工业化产业示范基地和循环经济示范市县。实施高端再制造、智能再制造和在役再制造示范工程。深化工业固体废物综合利用基地建设试点，建设产业固体废物综合利用和资源再生利用示范工程。依托国家"城市矿产"示范基地，培育一批回收和综合利用骨干企业、再生资源利用产业基地和园区。健全再生资源回收利用网络，规范完善废钢铁、废旧轮胎、废旧纺织品与服装、废塑料、废旧动力电池等综合利用行业管理。尝试建立逆向回收渠道，推广"互联网+回收"、智能回收等新型回收方式，实行生产者责任延伸制度。到2020年，全国工业固体废物综合利用率提高到73%。实现化肥农药零增长，实施循环农业示范工程，推进秸秆高值化和产业化利用。到2020年，秸秆综合利用率达到85%，国家现代农业示范区和粮食主产县基本实现农业资源循环利用。

推进节能环保产业发展。推动低碳循环、治污减排、监测监控等核心环保技术工艺、成套产品、装备设备、材料药剂研发与产业化，尽快形成一批具有竞争力的主导技术和产品。鼓励发展节能环保技术咨询、系统设计、设备制造、工程施工、运营管理等专业化服务。大力发展环境服务业，推进形成合同能源管理、合同节水管理、第三方监测、环境污染第三方治理及环境保护政府和社会资本合作等服务市场，开展小城镇、园区环境综合治理托管服务试点。规范环境绩效合同管理，逐步建立环境服务绩效评价考核机制。发布政府采购环境服务清单。鼓励社会资本投资环保企业，培育一批具有国际竞争力的大型节能环保企业与环保品牌。鼓励生态环保领域大众创业、万众创新。充分发挥环保行业组织、科技社团在环保科技创新、成果转化和产业化过程中的作用。完善行业监管制度，开展环保产业常规调查统计工作，建立环境服务企业诚信档案，发布环境服务业发展报告。

第三节 强化绿色科技创新引领

推进绿色化与创新驱动深度融合。把绿色化作为国家实施创新驱动发展战略、经济转型发展的重要基点，推进绿色化与各领域新兴技术深度融合发展。发展智能绿色制造技术，推动制造业向价值链高端攀升。发展生态绿色、高效安全的现代农业技术，深入开展节水农业、循环农业、有机农业、现代林业和生物肥料等技术研发，促进农业提质增效和可持续发展。发展安全、清洁、高效的现代能源技术，推动能源生产和消费革命。发展资源节约循环利用的关键技术，建立城镇生活垃圾资源化利用、再生资源回收利用、工业固体废物综合利用等技术体系。重点针对大气、水、土壤等问题，形成源头预防、末端治理和生态环境修复的成套技术。

加强生态环保科技创新体系建设。瞄准世界生态环境科技发展前沿，立足我国生态环境保护的战略要求，突出自主创新、综合集成创新，加快构建层次清晰、分工明确、运行高效、支撑有力的国家生态环保科技创新体系。重点建立以科学研究为先导的生态环保科技创新理论体系，以应用示范为支撑的生态环保技术研发体系，以人体健康为目标的环境基准和环境标准体系，以提升竞争力为核心的环保产业培育体系，以服务保障为基础的环保科技管理体系。实施环境科研领军人才工程，加强环保专业技术领军人才和青年拔尖人才培养，重点建设一批创新人才培养基地，打造一批高水平创新团队。支持相关院校开展环保基础科学和应用科学研究。建立健全环保职业荣誉制度。

建设生态环保科技创新平台。统筹科技资源，深化生态环保科技体制改革。加强重点实验室、工程技术中心、科学观测研究站、环保智库等科技创新平台建设，加强技术研发推广，提高管理科学化水平。积极引导企业与科研机构加强合作，强化企业创新主体作用，推动环保技术研发、科技成果转移转化和推广应用。推动建立环保装备与服务需求信息平台、技术创新转化交易平台。

依托有条件的科技产业园区，集中打造环保科技创新试验区、环保高新技术产业区、环保综合治理技术服务区、国际环保技术合作区、环保高水平人才培养教育区，建立一批国家级环保高新技术产业开发区。

实施重点生态环保科技专项。继续实施水体污染控制与治理国家科技重大专项，实施大气污染成因与控制技术研究、典型脆弱生态修复与保护研究、煤炭清洁高效利用和新型节能技术研发、农业面源和重金属污染农田综合防治与修复技术研发、海洋环境安全保障等重点研发计划专项。在京津冀地区、长江经济带、"一带一路"沿线省（区、市）等重点区域开展环境污染防治和生态修复技术应用试点示范，提出生态环境治理系统性技术解决方案。打造京津冀等区域环境质量提升协同创新共同体，实施区域环境质量提升创新科技工程。创新青藏高原等生态屏障带保护修复技术方法与治理模式，研发生态环境监测预警、生态修复、生物多样性保护、生态保护红线评估管理、生态廊道构建等关键技术，建立一批生态保护与修复科技示范区。支持生态、土壤、大气、温室气体等环境监测预警网络系统及关键技术装备研发，支持生态环境突发事故监测预警及应急处置技术、遥感监测技术、数据分析与服务产品、高端环境监测仪器等研发。开展重点行业危险废物污染特性与环境效应、危险废物溯源及快速识别、全过程风险防控、信息化管理技术等领域研究，加快建立危险废物技术规范体系。建立化学品环境与健康风险评估方法、程序和技术规范体系。加强生态环境管理决策支撑科学研究，开展多污染物协同控制、生态环境系统模拟、污染源解析、生态环境保护规划、生态环境损害评估、网格化管理、绿色国内生产总值核算等技术方法研究应用。

完善环境标准和技术政策体系。研究制定环境基准，修订土壤环境质量标准,完善挥发性有机物排放标准体系,严格执行污染物排放标准。加快机动车和非道路移动源污染物排放标准、燃油产品质量标准的制修订和实施。发布实施船舶发动机排气污染物排放限值及测量方法(中国第一、二阶段)、轻型汽车和重型汽车污染物排放限值及测量方法(中国第六阶段)、摩托车和轻便摩托车污染物排放限值及测量方法(中国第四阶段)、畜禽养殖污染物排放标准。修订在用机动车排放标准,力争实施非道路移动机械国Ⅳ排放标准。完善环境保护技术政策,建立生态保护红线监管技术规范。健全钢铁、水泥、化工等重点行业清洁生产评价指标体系。加快制定完善电力、冶金、有色金属等重点行业以及城乡垃圾处理、机动车船和非道路移动机械污染防治、农业面源污染防治等重点领域技术政策。建立危险废物利用处置无害化管理标准和技术体系。

第四节 推动区域绿色协调发展

促进四大区域绿色协调发展。西部地区要坚持生态优先,强化生态环境保护,提升生态安全屏障功能,建设生态产品供给区,合理开发石油、煤炭、天然气等战略性资源和生态旅游、农畜产品等特色资源。东北地区要加强大小兴安岭、长白山等森林生态系统保护和北方防沙带建设,强化东北平原湿地和农用地土壤环境保护,推动老工业基地振兴。中部地区要以资源环境承载能力为基础,有序承接产业转移,推进鄱阳湖、洞庭湖生态经济区和汉江、淮河生态经济带建设,研究建设一批流域沿岸及交通通道沿线的生态走廊,加强水环境保护和治理。东部地区要扩大生态空间,提高环境资源利用效率,加快推动产业升级,在生态环境质量改善等方面走在前列。

推进"一带一路"绿色化建设。加强中俄、中哈以及中国—东盟、上海合作组织等现有多双边合作机制,积极开展澜沧江—湄公河环境合作,开展全方位、多渠道的对话交流活动,加强与沿线国家环境官员、学者、青年的交流和合作,开展生态环保公益活动,实施绿色丝路使者计划,分享中国生态文明、绿色发展理念与实践经验。建立健全绿色投资与绿色贸易管理制度体系,落实对外投资合作环境保护指南。开展环保产业技术合作园区及示范基地建设,推动环保产业走出去。树立中国铁路、电力、汽车、通信、新能源、钢铁等优质产能绿色品牌。推进"一带一路"沿线省(区、市)产业结构升级与创新升级,推动绿色产业链延伸;开展重点战略和关键项目环境评估,提高生态环境风险防范与应对能力。编制实施国内"一带一路"沿线区域生态环保规划。

推动京津冀地区协同保护。以资源环境承载能力为基础,优化经济发展和生态环境功能布局,扩大环境容量与生态空间。加快推动天津传统制造业绿色化改造。促进河北有序承接北京非首都功能转移和京津科技成果转化。强化区域环保协作,联合开展大气、河流、湖泊等污染治理,加强区域生态屏障建设,共建坝上高原生态防护区、燕山—太行山生态涵养区,推动光伏等新能源广泛应用。创新生态环境联动管理体制机制,构建区域一体化的生态环境监测网络、生态环境信息网络和生态环境应急预警体系,建立区域生态环保协调机制、水资源统一调配制度、跨区域联合监察执法机制,建立健全区域生态保护补偿机制和跨区域排污权交易市场。到2020年,京津冀地区生态环境保护协作机制有效运行,生态环境质量明显改善。

推进长江经济带共抓大保护。把保护和修复长江生态环境摆在首要位置,推进长江经济带生态文明建设,建设水清地绿天蓝的绿色生态廊道。统筹水资源、水环境、水生态,推动上中下游协同发展、东中西部互动合作,加强跨部门、跨区域监管与应急协调联动,把实施重大生态修复工程作为推动长江经济带发展项目的优先选项,共抓大保护,不搞大开发。统筹江河湖泊丰富多样的生态要素,构建以长江干支流为经络,以山水林田湖为有机整体,江湖关系和谐、流域水质优良、生态流量充足、水土保持有效、生物种类多样的生态安全格局。上游区重点加强水源涵养、水土保持功能和生物多样性保护,合理开发利用水资源,严控水电开发生态影响;中游区重点协调江湖关系,确保丹江口水库水质安全;下游区加快产业转型升级,重点加强退化水生态系统恢复,强化饮用水水源保护,严格控制城镇周边生态空间占用,开展河网地区水污染治理。妥善处理江河湖泊关系,实施长江干流及洞庭湖上游"四水"、鄱阳湖上游"五河"的水库群联合调度,保障长江干支流生态流量与两湖生态水位。统筹规划、集约利用长江岸线资源,控制岸线开发强度。强化跨界水质断面考核,推动协同治理。

第四章 深化质量管理,
大力实施三大行动计划

以提高环境质量为核心,推进联防联控和流域共治,制定大气、水、土壤三大污染防治行动计划的施工图。根据区域、流域和类型差异分区施策,实施多污染物协同控制,提高治理措施的针对性和有效性。实行环境质量底线管理,努力实现分阶段达到环境质量标准、治理责任清单式落地,解决群众身边的突出环境问题。

第一节 分区施策改善大气环境质量

实施大气环境质量目标管理和限期达标规划。各省(区、市)要对照国家大气环境质量标准,开展形势分析,定期考核并公布大气环境质量信息。强化目标和任务的过程管理,深入推进钢铁、水泥等重污染行业过剩产能退出,大力推进清洁能源使用,推进机动车和油品标准升级,加强油品等能源产品质量监管,加强移动源污染治理,加大城市扬尘和小微企业分散源、生活源污染整治力度。深入实施《大气污染防治行动计划》,大幅削减二氧化硫、氮氧化物和颗粒物的排放量,全面启动挥发性有机物污染防治,开展大气氨排放控制试点,实现全国地级及以上城市二氧化硫、一氧化碳浓度全部达标,细颗粒物、可吸入颗粒物浓度明显下降,二氧化氮浓度继续下降,臭氧浓度保持稳定、力争改善。实施城市大气环境质量目标管理,已经达标的城市,应当加强保护并持续改善;未达标的城市,应确定达标期限,向社会公布,并制定实施限期达标规划,明确达标时间表、路线图和重点任务。

加强重污染天气应对。强化各级空气质量预报中心运行管理,提高预报准确性,及时发布空气质量预报信息,实现预报信息全国共享、联网发布。完善重度及以上污染天气的区域联合预警机制,加强东北、西北、成渝和华中区域大气环境质量预测预报能力。健全应急预案体系,制定重污染天气应急预案实施情况评估技术规程,加强对预案实施情况的检查和评估。各省(区、市)和地级及以上城市及时修编重污染天气应急预案,开展重污染天气成因分析和污染物来源解析,科学制定针对性减排措施,每年更新应急减排措施项目清单。及时启动应急响应措施,提高重污染天气应对的有效性。强化监管和督察,对应对不及时、措施不力的地方政府,视情况予以约谈、通报、挂牌督办。

深化区域大气污染联防联控。全面深化京津冀及周边地区、长三角、珠三角等区域大气污染联防联控,建立常态化区域协作机制,区域内统一规划、统一标准、统一监测、统一防治。对重点行业、领域制定实施统一的环保标准、排污收费政策、能源消费政策,统一老旧车辆淘汰和在用车辆管理标准。重点区域严格控制煤炭消费总量,京津冀及山东、长三角、珠三角等区域,以及空气质量排名较差的前10位城市中受燃煤影响较大的城市要实现煤炭消费负增长。通过市场化方式促进老旧车辆、船舶加速淘汰以及防污设施设备改造，强化新生产机动车、非道路移动机械环保达标监管。开展清洁柴油机行动，加强高排放工程机械、重型柴油车、农业机械等管理，重点区域开展柴油车注册登记环保查验，对货运车、客运车、公交车等开展入户环保检查。提高公共车辆中新能源汽车占比，具备条件的城市在2017年底前基本实现公交新能源化。落实珠三角、长三角、环渤海京津冀水域船舶排放控制区管理政策，靠港船舶优先使用岸电，建设船舶大气污染物排放遥感监测和油品质量监测网点，开展船舶排放控制区内船舶排放监测和联合监管，构建机动车船和油品环保达标监管体系。加快非道路移动源油品升级。强化城市道路、施工等扬尘监管和城市综合管理。

显著削减京津冀及周边地区颗粒物浓度。以北京市、保定市、廊坊市为重点，突出抓好冬季散煤治理、重点行业综合治理、机动车监管、重污染天气应对，强化高架源的治理和监管，改善区域空气质量。提高接受外输电比例，增加非化石能源供应，重点城市实施天然气替代煤炭工程，推进电力替代煤炭，大幅减少冬季散煤使用量，"十三五"期间，北京、天津、河北、山东、河南五省（市）煤炭消费总量下降10%左右。加快区域内机动车排污监控平台建设，重点治理重型柴油车和高排放车辆。到2020年，区域细颗粒物污染形势显著好转，臭氧浓度基本稳定。

明显降低长三角区域细颗粒物浓度。加快产业结构调整，依法淘汰能耗、环保等不达标的产能。"十三五"期间，上海、江苏、浙江、安徽四省（市）煤炭消费总量下降5%左右，地级及以上城市建成区基本淘汰35蒸吨以下燃煤锅炉。全面推进炼油、石化、工业涂装、印刷等行业挥发性有机物综合整治。到2020年，长三角区域细颗粒物浓度显著下降，臭氧浓度基本稳定。

大力推动珠三角区域率先实现大气环境质量基本达标。统筹做好细颗粒物和臭氧污染防控，重点抓好挥发性有机物和氮氧化物协同控制。加快区域内产业转型升级，调整和优化能源结构，工业园区与产业聚集区实施集中供热，有条件的发展大型燃气供热锅炉，"十三五"期间，珠三角区域煤炭消费总量下降10%左右。重点推进石化、化工、油品储运销、汽车制造、船舶制造（维修）、集装箱制造、印刷、家具制造、制鞋等行业开展挥发性有机物综合整治。到2020年，实现珠三角区域大气环境质量基本达标，基本消除重度及以上污染天气。

第二节　精准发力提升水环境质量

实施以控制单元为基础的水环境质量目标管理。依据主体功能区规划和行政区划，划定陆域控制单元，建立流域、水生态控制区、水环境控制单元三级分区体系。实施以控制单元为空间基础、以断面水质为管理目标、以排污许可制为核心的流域水环境质量目标管理。优化控制单元水质断面监测网络，建立控制单元产排污与断面水质响应反馈机制，明确划分控制单元水环境质量责任，从严控制污染物排放量。全面推行"河长制"。在黄河、淮河等流域进行试点，分期分批科学确定生态流量（水位），作为流域水量调度的重要参考。深入实施《水污染防治行动计划》，落实控制单元治污责任，完成目标任务。固定污染源排放为主的控制单元，要确定区域、流域重点水污染物和主要超标污染物排放控制目标，实施基于改善水质要求的排污许可，将治污任务逐一落实到控制单元内的各排污单位（含污水处理厂、设有排放口的规模化畜禽养殖单位）。面源（分散源）污染为主或严重缺水的控制单元，要采用政策激励、加强监管以及确保生态基流等措施改善水生态环境。自2017年起，各省份要定期向社会公开控制单元水环境质量目标管理情况。

专栏 2　各流域需要改善的控制单元

（一）长江流域（108 个）。

双桥河合肥市控制单元等 40 个单元由Ⅳ类升为Ⅲ类；乌江重庆市控制单元等 7 个单元由Ⅴ类升为Ⅲ类；来河滁州市控制单元等 9 个单元由Ⅴ类升为Ⅳ类；京山河荆门市控制单元等 2 个单元由劣Ⅴ类升为Ⅲ类；沱江内江市控制单元等 4 个单元由劣Ⅴ类升为Ⅳ类；十五里河合肥市控制单元等 24 个单元由劣Ⅴ类升为Ⅴ类；滇池外海昆明市控制单元化学需氧量浓度下降；南淝河合肥市控制单元等 3 个单元氨氮浓度下降；竹皮河荆门市控制单元等 4 个单元氨氮、总磷浓度下降；岷江宜宾市控制单元等 14 个单元总磷浓度下降。

（二）海河流域（75 个）。

洋河张家口市八号桥控制单元等 9 个单元由Ⅳ类升为Ⅲ类；妫水河下段北京市控制单元等 3 个单元由Ⅴ类升为Ⅳ类；潮白河通州区控制单元等 26 个单元由劣Ⅴ类升为Ⅴ类；宣惠河沧州市控制单元等 6 个单元化学需氧量浓度下降；通惠河下段北京市控制单元等 26 个单元氨氮浓度下降；共产主义渠新乡市控制单元等 3 个单元氨氮、总磷浓度下降；海河天津市海河大闸控制单元化学需氧量、氨氮浓度下降；潮白新河天津市控制单元总磷浓度下降。

（三）淮河流域（49 个）。

谷河阜阳市控制单元等 17 个单元由Ⅳ类升为Ⅲ类；东鱼河菏泽市控制单元由Ⅴ类升为Ⅲ类；新濉河宿迁市控制单元等 9 个单元由Ⅴ类升为Ⅳ类；洙赵新河菏泽市控制单元由劣Ⅴ类升为Ⅲ类；运料河徐州市控制单元由劣Ⅴ类升为Ⅳ类；涡河亳州市岳坊大桥控制单元等 16 个单元由劣Ⅴ类升为Ⅴ类；包河商丘市控制单元等 4 个单元氨氮浓度下降。

（四）黄河流域（35 个）。

伊洛河洛阳市控制单元等 14 个单元由Ⅳ类升为Ⅲ类；葫芦河固原市控制单元等 4 个单元由Ⅴ类升为Ⅳ类；岚河吕梁市控制单元由劣Ⅴ类升为Ⅳ类；大黑河乌兰察布市控制单元等 8 个单元由劣Ⅴ类升为Ⅴ类；昆都仑河包头市控制单元等 8 个单元氨氮浓度下降。

续表

(五) 松花江流域 (12个)。	
小兴凯湖鸡西市控制单元等9个单元由Ⅳ类升为Ⅲ类；阿什河哈尔滨市控制单元由劣Ⅴ类升为Ⅴ类；呼伦湖呼伦贝尔市控制单元化学需氧量浓度下降；饮马河长春市靠山南楼控制单元氨氮浓度下降。	
(六) 辽河流域 (13个)。	
寇河铁岭市控制单元等6个单元由Ⅳ类升为Ⅲ类；辽河沈阳市巨流河大桥控制单元等3个单元由Ⅴ类升为Ⅳ类；亮子河铁岭市控制单元等2个单元由劣Ⅴ类升为Ⅴ类；浑河抚顺市控制单元总磷浓度下降；条子河四平市控制单元氨氮浓度下降。	
(七) 珠江流域 (17个)。	
九洲江湛江市排里控制单元等2个单元由Ⅲ类升为Ⅱ类；潭江江门市牛湾控制单元由Ⅳ类升为Ⅱ类；鉴江茂名市江口门控制单元等4个单元由Ⅳ类升为Ⅲ类；东莞运河东莞市樟村控制单元等2个单元由Ⅴ类升为Ⅳ类；小东江茂名市石碧控制单元由劣Ⅴ类升为Ⅳ类；深圳河深圳市河口控制单元等5个单元由劣Ⅴ类升为Ⅴ类；杞麓湖玉溪市控制单元化学需氧量浓度下降；星云湖玉溪市控制单元总磷浓度下降。	
(八) 浙闽片河流 (25个)。	
浦阳江杭州市控制单元等13个单元由Ⅳ类升为Ⅲ类；汀溪厦门市控制单元等3个单元由Ⅴ类升为Ⅲ类；南溪漳州市控制单元等5个单元由Ⅴ类升为Ⅳ类；金清港台州市控制单元等4个单元由劣Ⅴ类升为Ⅴ类。	
(九) 西北诸河 (3个)。	
博斯腾湖巴音郭楞蒙古自治州控制单元由Ⅳ类升为Ⅲ类；北大河酒泉市控制单元由劣Ⅴ类升为Ⅲ类；克孜河喀什地区控制单元由劣Ⅴ类升为Ⅴ类。	
(十) 西南诸河 (6个)。	
黑惠江大理白族自治州控制单元等4个单元由Ⅳ类升为Ⅲ类；异龙湖红河哈尼族彝族自治州控制单元化学需氧量浓度下降；西洱河大理白族自治州控制单元氨氮浓度下降。	

实施流域污染综合治理。实施重点流域水污染防治规划。流域

上下游各级政府、各部门之间加强协调配合、定期会商,实施联合监测、联合执法、应急联动、信息共享。长江流域强化系统保护,加大水生生物多样性保护力度,强化水上交通、船舶港口污染防治。实施岷江、沱江、乌江、清水江、长江干流宜昌段总磷污染综合治理,有效控制贵州、四川、湖北、云南等总磷污染。太湖坚持综合治理,增强流域生态系统功能,防范蓝藻暴发,确保饮用水安全;巢湖加强氮、磷总量控制,改善入湖河流水质,修复湖滨生态功能;滇池加强氮、磷总量控制,重点防控城市污水和农业面源污染入湖,分区分步开展生态修复,逐步恢复水生态系统。海河流域突出节水和再生水利用,强化跨界水体治理,重点整治城乡黑臭水体,保障白洋淀、衡水湖、永定河生态需水。淮河流域大幅降低造纸、化肥、酿造等行业污染物排放强度,有效控制氨氮污染,持续改善洪河、涡河、颍河、惠济河、包河等支流水质,切实防控突发污染事件。黄河流域重点控制煤化工、石化企业排放,持续改善汾河、涑水河、总排干、大黑河、乌梁素海、湟水河等支流水质,降低中上游水环境风险。松花江流域持续改善阿什河、伊通河等支流水质,重点解决石化、酿造、制药、造纸等行业污染问题,加大水生态保护力度,进一步增加野生鱼类种群数量,加快恢复湿地生态系统。辽河流域大幅降低石化、造纸、化工、农副食品加工等行业污染物排放强度,持续改善浑河、太子河、条子河、招苏台河等支流水质,显著恢复水生态系统,全面恢复湿地生态系统。珠江流域建立健全广东、广西、云南等联合治污防控体系,重点保障东江、西江供水水质安全,改善珠江三角洲地区水生态环境。

优先保护良好水体。实施从水源到水龙头全过程监管,持续提升饮用水安全保障水平。地方各级人民政府及供水单位应定期监测、检测和评估本行政区域内饮用水水源、供水厂出水和用户水龙头水质等饮水安全状况。地级及以上城市每季度向社会公开饮水安全状况信息，县级及以上城市自2018年起每季度向社会公开。开展饮用水水源规范化建设，依法清理饮用水水源保护区内违法建筑和排污口。加强农村饮用水水源保护，实施农村饮水安全巩固提升工程。各省（区、市）应于2017年底前，基本完成乡镇及以上集中式饮用水水源保护区划定，开展定期监测和调查评估。到2020年，地级及以上城市集中式饮用水水源水质达到或优于Ⅲ类比例高于93%。对江河源头及现状水质达到或优于Ⅲ类的江河湖库开展生态环境安全评估，制定实施生态环境保护方案，东江、滦河、千岛湖、南四湖等流域于2017年底前完成。七大重点流域制定实施水生生物多样性保护方案。

推进地下水污染综合防治。定期调查评估集中式地下水型饮用水水源补给区和污染源周边区域环境状况。加强重点工业行业地下水环境监管，采取防控措施有效降低地下水污染风险。公布地下水污染地块清单，管控风险，开展地下水污染修复试点。到2020年，全国地下水污染加剧趋势得到初步遏制，质量极差的地下水比例控制在15%左右。

大力整治城市黑臭水体。建立地级及以上城市建成区黑臭水体等污染严重水体清单，制定整治方案，细化分阶段目标和任务安排，向社会公布年度治理进展和水质改善情况。建立全国城市黑臭水体整治监管平台，公布全国黑臭水体清单，接受公众评议。各城市在当地主流媒体公布黑臭水体清单、整治达标期限、责任人、整治进展及效果；建立长效机制，开展水体日常维护与监管工作。2017年底前，直辖市、省会城市、计划单列市建成区基本消除黑臭水体，其他地级城市实现河面无大面积漂浮物、河岸无垃圾、无违法排污口；到2020年，地级及以上城市建成区黑臭水体比例均控制在10%以内，其他城市力争大幅度消除重度黑臭水体。

改善河口和近岸海域生态环境质量。实施近岸海域污染防治方案，加大渤海、东海等近岸海域污染治理力度。强化直排海污染源和沿海工业园区监管，防控沿海地区陆源溢油污染海洋。开展国际航行船舶压载水及污染物治理。规范入海排污口设置，2017年底前，全面清理非法或设置不合理的入海排污口。到2020年，沿海省（区、市）入海河流基本消除劣Ⅴ类的水体。实施蓝色海湾综合治理，重点整治黄河口、长江口、闽江口、珠江口、辽东湾、渤海湾、胶州湾、杭州湾、北部湾等河口海湾污染。严格禁渔休渔措施。控制近海养殖密度，推进生态健康养殖，大力开展水生生物增殖放流，加强人工鱼礁和海洋牧场建设。加强海岸带生态保护与修复，实施"南红北柳"湿地修复工程，严格控制生态敏感地区围填海活动。到2020年，全国自然岸线（不包括海岛岸线）保有率不低于35%，整治修复海岸线1000公里。建设一批海洋自然保护区、海洋特别保护区和水产种质资源保护区，实施生态岛礁工程，加强海洋珍稀物种保护。

第三节 分类防治土壤环境污染

推进基础调查和监测网络建设。全面实施《土壤污染防治行动计划》，以农用地和重点行业企业用地为重点，开展土壤污染状况详查，2018年底前查明农用地土壤污染的面积、分布及其对农产品质量的影响，2020年底前掌握重点行业企业用地中的污染地块分布及其环境风险情况。开展电子废物拆解、废旧塑料回收、非正规垃圾填埋场、历史遗留尾矿库等土壤环境问题集中区域风险排查，建立风险管控名录。

统一规划、整合优化土壤环境质量监测点位。充分发挥行业监测网作用，支持各地因地制宜补充增加设置监测点位，增加特征污染物监测项目，提高监测频次。2017年底前，完成土壤环境质量国控监测点位设置，建成国家土壤环境质量监测网络，基本形成土壤环境监测能力；到2020年，实现土壤环境质量监测点位所有县（市、区）全覆盖。

实施农用地土壤环境分类管理。按污染程度将农用地划为三个类别，未污染和轻微污染的划为优先保护类，轻度和中度污染的划为安全利用类，重度污染的划为严格管控类，分别采取相应管理措施。各省级人民政府要对本行政区域内优先保护类耕地面积减少或土壤环境质量下降的县（市、区）进行预警提醒并依法采取环评限批等限制性措施。将符合条件的优先保护类耕地划为永久基本农田，实行严格保护，确保其面积不减少、土壤环境质量不下降。根据土壤污染状况和农产品超标情况，安全利用类耕地集中的县（市、区）要结合当地主要作物品种和种植习惯，制定实施受污染耕地安全利用方案，采取农艺调控、替代种植等措施，降低农产品超标风险。加强对严格管控类耕地的用途管理，依法划定特定农产品禁止生产区域，严禁种植食用农产品，继续在湖南长株潭地区开展重金属污染耕地修复及农作物种植结构调整试点。到2020年，重度污染耕地种植结构调整或退耕还林还草面积力争达到2000万亩。

加强建设用地环境风险管控。建立建设用地土壤环境质量强制调查评估制度。构建土壤环境质量状况、污染地块修复与土地再开发利用协同一体的管理与政策体系。自2017年起，对拟收回土地使用权的有色金属冶炼、石油加工、化工、焦化、电镀、制革等行业企业用地，以及用途拟变更为居住和商业、学校、医疗、养老机构等公共设施的上述企业用地，由土地使用权人负责开展土壤环境状况调查评估；已经收回的，由所在地市、县级人民政府负责开展调查评估。将建设用地土壤环境管理要求纳入城市规划和供地管理，土地开发利用必须符合土壤环境质量要求。暂不开发利用或现阶段不具备治理修复条件的污染地块，由所在地县级人民政府组织划定管控区域，设立标志，发布公告，开展土壤、地表水、地下水、空气环境监测。

开展土壤污染治理与修复。针对典型受污染农用地、污染地块，分批实施200个土壤污染治理与修复技术应用试点项目，加快建立健全技术体系。自2017年起,各地要逐步建立污染地块名录及其开发利用的负面清单,合理确定土地用途。京津冀、长三角、珠三角、东北老工业基地地区城市和矿产资源枯竭型城市等污染地块集中分布的城市,要规范、有序开展再开发利用污染地块治理与修复。长江中下游、成都平原、珠江流域等污染耕地集中分布的省(区、市),应于2018年底前编制实施污染耕地治理与修复方案。2017年底前,发布土壤污染治理与修复责任方终身责任追究办法。建立土壤污染治理与修复全过程监管制度,严格修复方案审查,加强修复过程监督和检查,开展修复成效第三方评估。

强化重点区域土壤污染防治。京津冀区域以城市"退二进三"遗留污染地块为重点,严格管控建设用地开发利用土壤环境风险,加大污灌区、设施农业集中区域土壤环境监测和监管。东北地区加大黑土地保护力度,采取秸秆还田、增施有机肥、轮作休耕等措施实施综合治理。珠江三角洲地区以化工、电镀、印染等重污染行业企业遗留污染地块为重点,强化污染地块开发利用环境监管。湘江流域地区以镉、砷等重金属污染为重点,对污染耕地采取农艺调控、种植结构调整、退耕还林还草等措施,严格控制农产品超标风险。西南地区以有色金属、磷矿等矿产资源开发过程导致的环境污染风险防控为重点,强化磷、汞、铅等历史遗留土壤污染治理。在浙江台州、湖北黄石、湖南常德、广东韶关、广西河池、贵州铜仁等6个地区启动土壤污染综合防治先行区建设。

第五章 实施专项治理,全面推进
达标排放与污染减排

以污染源达标排放为底线,以骨干性工程推进为抓手,改革完善总量控制制度,推动行业多污染物协同治污减排,加强城乡统筹治理,严格控制增量,大幅度削减污染物存量,降低生态环境压力。

第一节　实施工业污染源全面达标排放计划

工业污染源全面开展自行监测和信息公开。工业企业要建立环境管理台账制度，开展自行监测，如实申报，属于重点排污单位的还要依法履行信息公开义务。实施排污口规范化整治，2018年底前，工业企业要进一步规范排污口设置，编制年度排污状况报告。排污企业全面实行在线监测，地方各级人民政府要完善重点排污单位污染物超标排放和异常报警机制，逐步实现工业污染源排放监测数据统一采集、公开发布，不断加强社会监督，对企业守法承诺履行情况进行监督检查。2019年底前，建立全国工业企业环境监管信息平台。

排查并公布未达标工业污染源名单。各地要加强对工业污染源的监督检查，全面推进"双随机"抽查制度，实施环境信用颜色评价，鼓励探索实施企业超标排放计分量化管理。对污染物排放超标或者重点污染物排放超总量的企业予以"黄牌"警示，限制生产或停产整治；对整治后仍不能达到要求且情节严重的企业予以"红牌"处罚，限期停业、关闭。自2017年起，地方各级人民政府要制定本行政区域工业污染源全面达标排放计划，确定年度工作目标，每季度向社会公布"黄牌"、"红牌"企业名单。环境保护部将加大抽查核查力度，对企业超标现象普遍、超标企业集中地区的地方政府进行通报、挂牌督办。

实施重点行业企业达标排放限期改造。建立分行业污染治理实用技术公开遴选与推广应用机制，发布重点行业污染治理技术。分流域分区域制定实施重点行业限期整治方案，升级改造环保设施，加大检查核查力度，确保稳定达标。以钢铁、水泥、石化、有色金属、玻璃、燃煤锅炉、造纸、印染、化工、焦化、氮肥、农副食品加工、原料药制造、制革、农药、电镀等行业为重点，推进行业达标排放改造。

完善工业园区污水集中处理设施。实行"清污分流、雨污分流",实现废水分类收集、分质处理,入园企业应在达到国家或地方规定的排放标准后接入集中式污水处理设施处理,园区集中式污水处理设施总排口应安装自动监控系统、视频监控系统,并与环境保护主管部门联网。开展工业园区污水集中处理规范化改造示范。

第二节 深入推进重点污染物减排

改革完善总量控制制度。以提高环境质量为核心,以重大减排工程为主要抓手,上下结合,科学确定总量控制要求,实施差别化管理。优化总量减排核算体系,以省级为主体实施核查核算,推动自主减排管理,鼓励将持续有效改善环境质量的措施纳入减排核算。加强对生态环境保护重大工程的调度,对进度滞后地区及早预警通报,各地减排工程、指标情况要主动向社会公开。总量减排考核服从于环境质量考核,重点审查环境质量未达到标准、减排数据与环境质量变化趋势明显不协调的地区,并根据环境保护督查、日常监督检查和排污许可执行情况,对各省(区、市)自主减排管理情况实施"双随机"抽查。大力推行区域性、行业性总量控制,鼓励各地实施特征性污染物总量控制,并纳入各地国民经济和社会发展规划。

推动治污减排工程建设。各省(区、市)要制定实施造纸、印染等十大重点涉水行业专项治理方案,大幅降低污染物排放强度。电力、钢铁、纺织、造纸、石油石化、化工、食品发酵等高耗水行业达到先进定额标准。以燃煤电厂超低排放改造为重点,对电力、钢铁、建材、石化、有色金属等重点行业,实施综合治理,对二氧化硫、氮氧化物、烟粉尘以及重金属等多污染物实施协同控制。各省(区、市)应于2017年底前制定专项治理方案并向社会公开,对治理不到位的工程项目要公开曝光。制定分行业治污技术政策,培育示范企业和示范工程。

专栏3　推动重点行业治污减排

（一）造纸行业。

力争完成纸浆无元素氯漂白改造或采取其他低污染制浆技术，完善中段水生化处理工艺，增加深度治理工艺，进一步完善中控系统。

（二）印染行业。

实施低排水染整工艺改造及废水综合利用，强化清污分流、分质处理、分质回用，完善中段水生化处理，增加强氧化、膜处理等深度治理工艺。

（三）味精行业。

提高生产废水循环利用水平，分离尾液和离交尾液采用絮凝气浮和蒸发浓缩等措施，外排水采取厌氧—好氧二级生化处理工艺；敏感区域应深度处理。

（四）柠檬酸行业。

采用低浓度废水循环再利用技术，高浓度废水采用喷浆造粒等措施。

（五）氮肥行业。

开展工艺冷凝液水解解析技术改造，实施含氰、含氨废水综合治理。

（六）酒精与啤酒行业。

低浓度废水采用物化—生化工艺，预处理后由园区集中处理。啤酒行业采用就地清洗技术。

（七）制糖行业。

采用无滤布真空吸滤机、高压水清洗、甜菜干法输送及压粕水回收，推进废糖蜜、酒精废醪液发酵还田综合利用，鼓励废水生化处理后回用，敏感区域执行特别排放限值。

（八）淀粉行业。

采用厌氧+好氧生化处理技术，建设污水处理设施在线监测和中控系统。

（九）屠宰行业。

强化外排污水预处理，敏感区域执行特别排放限值，有条件的采用膜生物反应器工艺进行深度处理。

续表

（十）磷化工行业。	
实施湿法磷酸净化改造，严禁过磷酸钙、钙镁磷肥新增产能。发展磷炉尾气净化合成有机化工产品，鼓励各种建材或建材添加剂综合利用磷渣、磷石膏。	
（十一）煤电行业。	
加快推进燃煤电厂超低排放和节能改造。强化露天煤场抑尘措施，有条件的实施封闭改造。	
（十二）钢铁行业。	
完成干熄焦技术改造，不同类型的废水应分别进行预处理。未纳入淘汰计划的烧结机和球团生产设备全部实施全烟气脱硫，禁止设置脱硫设施烟气旁路；烧结机头、机尾、焦炉、高炉出铁场、转炉烟气除尘等设施实施升级改造，露天原料场实施封闭改造，原料转运设施建设封闭皮带通廊，转运站和落料点配套抽风收尘装置。	
（十三）建材行业。	
原料破碎、生产、运输、装卸等各环节实施堆场及输送设备全封闭、道路清扫等措施，有效控制无组织排放。水泥窑全部实施烟气脱硝，水泥窑及窑磨一体机进行高效除尘改造；平板玻璃行业推进"煤改气"、"煤改电"，禁止掺烧高硫石油焦等劣质原料，未使用清洁能源的浮法玻璃生产线全部实施烟气脱硫，浮法玻璃生产线全部实施烟气高效除尘、脱硝；建筑卫生陶瓷行业使用清洁燃料，喷雾干燥塔、陶瓷窑炉安装脱硫除尘设施，氮氧化物不能稳定达标排放的喷雾干燥塔采取脱硝措施。	
（十四）石化行业。	
催化裂化装置实施催化再生烟气治理，对不能稳定达标排放的硫磺回收尾气，提高硫磺回收率或加装脱硫设施。	
（十五）有色金属行业。	
加强富余烟气收集，对二氧化硫含量大于3.5%的烟气，采取两转两吸制酸等方式回收。低浓度烟气和制酸尾气排放超标的必须进行脱硫。规范冶炼企业废气排放口设置，取消脱硫设施旁路。	

控制重点地区重点行业挥发性有机物排放。全面加强石化、有机化工、表面涂装、包装印刷等重点行业挥发性有机物控制。细颗粒物和臭氧污染严重省份实施行业挥发性有机污染物总量控制，制定挥发性有机污染物总量控制目标和实施方案。强化挥发性有机物与氮氧化物的协同减排，建立固定源、移动源、面源排放清单，对芳香烃、烯烃、炔烃、醛类、酮类等挥发性有机物实施重点减排。开展石化行业"泄漏检测与修复"专项行动，对无组织排放开展治理。各地要明确时限，完成加油站、储油库、油罐车油气回收治理，油气回收率提高到90%以上，并加快推进原油成品油码头油气回收治理。涂装行业实施低挥发性有机物含量涂料替代、涂装工艺与设备改进，建设挥发性有机物收集与治理设施。印刷行业全面开展低挥发性有机物含量原辅料替代，改进生产工艺。京津冀及周边地区、长三角地区、珠三角地区，以及成渝、武汉及其周边、辽宁中部、陕西关中、长株潭等城市群全面加强挥发性有机物排放控制。

总磷、总氮超标水域实施流域、区域性总量控制。总磷超标的控制单元以及上游相关地区要实施总磷总量控制，明确控制指标并作为约束性指标，制定水质达标改善方案。重点开展100家磷矿采选和磷化工企业生产工艺及污水处理设施建设改造。大力推广磷铵生产废水回用，促进磷石膏的综合加工利用，确保磷酸生产企业磷回收率达到96%以上。沿海地级及以上城市和汇入富营养化湖库的河流，实施总氮总量控制，开展总氮污染来源解析，明确重点控制区域、领域和行业，制定总氮总量控制方案，并将总氮纳入区域总量控制指标。氮肥、味精等行业提高辅料利用效率，加大资源回收力度。印染等行业降低尿素的使用量或使用尿素替代助剂。造纸等行业加快废水处理设施精细化管理，严格控制营养盐投加量。强化城镇污水处理厂生物除磷、脱氮工艺，实施畜禽养殖业总磷、总氮与化学需氧量、氨氮协同控制。

专栏4　区域性、流域性总量控制地区

（一）挥发性有机物总量控制。
在细颗粒物和臭氧污染较严重的16个省份实施行业挥发性有机物总量控制，包括：北京市、天津市、河北省、辽宁省、上海市、江苏省、浙江省、安徽省、山东省、河南省、湖北省、湖南省、广东省、重庆市、四川省、陕西省等。
（二）总磷总量控制。
总磷超标的控制单元以及上游相关地区实施总磷总量控制，包括：天津市宝坻区，黑龙江省鸡西市，贵州省黔南布依族苗族自治州、黔东南苗族侗族自治州，河南省漯河市、鹤壁市、安阳市、新乡市，湖北省宜昌市、十堰市，湖南省常德市、益阳市、岳阳市，江西省南昌市、九江市，辽宁省抚顺市，四川省宜宾市、泸州市、眉山市、乐山市、成都市、资阳市，云南省玉溪市等。
（三）总氮总量控制。
在56个沿海地级及以上城市或区域实施总氮总量控制，包括：丹东市、大连市、锦州市、营口市、盘锦市、葫芦岛市、秦皇岛市、唐山市、沧州市、天津市、滨州市、东营市、潍坊市、烟台市、威海市、青岛市、日照市、连云港市、盐城市、南通市、上海市、杭州市、宁波市、温州市、嘉兴市、绍兴市、舟山市、台州市、福州市、平潭综合实验区、厦门市、莆田市、宁德市、漳州市、泉州市、广州市、深圳市、珠海市、汕头市、江门市、湛江市、茂名市、惠州市、汕尾市、阳江市、东莞市、中山市、潮州市、揭阳市、北海市、防城港市、钦州市、海口市、三亚市、三沙市和海南省直辖县级行政区等。
在29个富营养化湖库汇水范围内实施总氮总量控制，包括：安徽省巢湖、龙感湖，安徽省、湖北省南漪湖，北京市怀柔水库，天津市于桥水库，河北省白洋淀，吉林省松花湖，内蒙古自治区呼伦湖、乌梁素海，山东省南四湖，江苏省白马湖、高邮湖、洪泽湖、太湖、阳澄湖，浙江省西湖，上海市、江苏省淀山湖，湖南省洞庭湖，广东省高州水库、鹤地水库，四川省鲁班水库、邛海，云南省滇池、杞麓湖、星云湖、异龙湖，宁夏自治区沙湖、香山湖，新疆自治区艾比湖等。

第三节 加强基础设施建设

加快完善城镇污水处理系统。全面加强城镇污水处理及配套管网建设，加大雨污分流、清污混流污水管网改造，优先推进城中村、老旧城区和城乡结合部污水截流、收集、纳管，消除河水倒灌、地下水渗入等现象。到2020年，全国所有县城和重点镇具备污水收集处理能力，城市和县城污水处理率分别达到95%和85%左右，地级及以上城市建成区基本实现污水全收集、全处理。提升污水再生利用和污泥处置水平，大力推进污泥稳定化、无害化和资源化处理处置，地级及以上城市污泥无害化处理处置率达到90%，京津冀区域达到95%。控制初期雨水污染，排入自然水体的雨水须经过岸线净化，加快建设和改造沿岸截流干管，控制渗漏和合流制污水溢流污染。因地制宜、一河一策，控源截污、内源污染治理多管齐下，科学整治城市黑臭水体；因地制宜实施城镇污水处理厂升级改造，有条件的应配套建设湿地生态处理系统，加强废水资源化、能源化利用。敏感区域（重点湖泊、重点水库、近岸海域汇水区域）城镇污水处理设施应于2017年底前全面达到一级A排放标准。建成区水体水质达不到地表水Ⅳ类标准的城市，新建城镇污水处理设施要执行一级A排放标准。到2020年，实现缺水城市再生水利用率达到20%以上，京津冀区域达到30%以上。将港口、船舶修造厂环卫设施、污水处理设施纳入城市设施建设规划，提升含油污水、化学品洗舱水、生活污水等的处置能力。实施船舶压载水管理。

实现城镇垃圾处理全覆盖和处置设施稳定达标运行。加快县城垃圾处理设施建设，实现城镇垃圾处理设施全覆盖。提高城市生活垃圾处理减量化、资源化和无害化水平，全国城市生活垃圾无害化处理率达到95%以上，90%以上村庄的生活垃圾得到有效治理。大中型城市重点发展生活垃圾焚烧发电技术，鼓励区域共建共享焚烧处理设施，积极发展生物处理技术，合理统筹填埋处理技术，到2020年，垃圾焚烧处理率达到40%。完善收集储运系统，设市城市全面推广密闭化收运，实现干、湿分类收集转运。加强垃圾渗滤液处理处置、焚烧飞灰处理处置、填埋场甲烷利用和恶臭处理，向社会公开垃圾处置设施污染物排放情况。加快建设城市餐厨废弃物、建筑垃圾和废旧纺织品等资源化利用和无害化处理系统。以大中型城市为重点，建设生活垃圾分类示范城市（区）、生活垃圾存量治理示范项目，大中型城市建设餐厨垃圾处理设施。支持水泥窑协同处置城市生活垃圾。

推进海绵城市建设。转变城市规划建设理念，保护和恢复城市生态。老城区以问题为导向，以解决城市内涝、雨水收集利用、黑臭水体治理为突破口，推进区域整体治理，避免大拆大建。城市新区以目标为导向，优先保护生态环境，合理控制开发强度。综合采取"渗、滞、蓄、净、用、排"等措施，加强海绵型建筑与小区、海绵型道路与广场、海绵型公园和绿地、雨水调蓄与排水防涝设施等建设。大力推进城市排水防涝设施的达标建设，加快改造和消除城市易涝点。到2020年，能够将70%的降雨就地消纳和利用的土地面积达到城市建成区面积的20%以上。加强城镇节水，公共建筑必须采用节水器具，鼓励居民家庭选用节水器具。到2020年，地级及以上缺水城市全部达到国家节水型城市标准要求，京津冀、长三角、珠三角等区域提前一年完成。

增加清洁能源供给和使用。优先保障水电和国家"十三五"能源发展相关规划内的风能、太阳能、生物质能等清洁能源项目发电上网，落实可再生能源全额保障性收购政策，到2020年，非化石能源装机比重达到39%。煤炭占能源消费总量的比重降至58%以下。扩大城市高污染燃料禁燃区范围，提高城市燃气化率，地级及以上城市供热供气管网覆盖的地区禁止使用散煤，京津冀、长三角、珠三角等重点区域、重点城市实施"煤改气"工程，推进北方地区农村散煤替代。加快城市新能源汽车充电设施建设，政府机关、大中型企事业单位带头配套建设，继续实施新能源汽车推广。

大力推进煤炭清洁化利用。加强商品煤质量管理，限制开发和销售高硫、高灰等煤炭资源，发展煤炭洗选加工，到2020年，煤炭入洗率提高到75%以上。大力推进以电代煤、以气代煤和以其他清洁能源代煤，对暂不具备煤炭改清洁燃料条件的地区，积极推进洁净煤替代。建设洁净煤配送中心，建立以县（区）为单位的全密闭配煤中心以及覆盖所有乡镇、村的洁净煤供应网络。加快纯凝（只发电不供热）发电机组供热改造，鼓励热电联产机组替代燃煤小锅炉，推进城市集中供热。到2017年，除确有必要保留的外，全国地级及以上城市建成区基本淘汰10蒸吨以下燃煤锅炉。

第四节　加快农业农村环境综合治理

继续推进农村环境综合整治。继续深入开展爱国卫生运动，持续推进城乡环境卫生整治行动，建设健康、宜居、美丽家园。深化"以奖促治"政策，以南水北调沿线、三峡库区、长江沿线等重要水源地周边为重点，推进新一轮农村环境连片整治，有条件的省份开展全覆盖拉网式整治。因地制宜开展治理，完善农村生活垃圾"村收集、镇转运、县处理"模式，鼓励就地资源化，加快整治"垃圾围村"、"垃圾围坝"等问题，切实防止城镇垃圾向农村转移。整县推进农村污水处理统一规划、建设、管理。积极推进城镇污水、垃圾处理设施和服务向农村延伸，开展农村厕所无害化改造。继续实施农村清洁工程，开展河道清淤疏浚。到2020年，新增完成环境综合整治建制村13万个。

大力推进畜禽养殖污染防治。划定禁止建设畜禽规模养殖场

（小区）区域，加强分区分类管理，以废弃物资源化利用为途径，整县推进畜禽养殖污染防治。养殖密集区推行粪污集中处理和资源化综合利用。2017年底前，各地区依法关闭或搬迁禁养区内的畜禽养殖场（小区）和养殖专业户。大力支持畜禽规模养殖场（小区）标准化改造和建设。

打好农业面源污染治理攻坚战。优化调整农业结构和布局，推广资源节约型农业清洁生产技术，推动资源节约型、环境友好型、生态保育型农业发展。建设生态沟渠、污水净化塘、地表径流集蓄池等设施，净化农田排水及地表径流。实施环水有机农业行动计划。推进健康生态养殖。实行测土配方施肥。推进种植业清洁生产，开展农膜回收利用，率先实现东北黑土地大田生产地膜零增长。在环渤海京津冀、长三角、珠三角等重点区域，开展种植业和养殖业重点排放源氨防控研究与示范。研究建立农药使用环境影响后评价制度，制定农药包装废弃物回收处理办法。到2020年，实现化肥农药使用量零增长，化肥利用率提高到40%以上，农膜回收率达到80%以上；京津冀、长三角、珠三角等区域提前一年完成。

强化秸秆综合利用与禁烧。建立逐级监督落实机制，疏堵结合、以疏为主，完善秸秆收储体系，支持秸秆代木、纤维原料、清洁制浆、生物质能、商品有机肥等新技术产业化发展，加快推进秸秆综合利用；强化重点区域和重点时段秸秆禁烧措施，不断提高禁烧监管水平。

第六章 实行全程管控，
有效防范和降低环境风险

提升风险防控基础能力，将风险纳入常态化管理，系统构建事前严防、事中严管、事后处置的全过程、多层级风险防范体系，严密防控重金属、危险废物、有毒有害化学品、核与辐射等重点领域环境风险，强化核与辐射安全监管体系和能力建设，有效控制影响健康的生态和社会环境危险因素，守牢安全底线。

第一节 完善风险防控和应急响应体系

加强风险评估与源头防控。完善企业突发环境事件风险评估制度，推进突发环境事件风险分类分级管理，严格重大突发环境事件风险企业监管。改进危险废物鉴别体系。选择典型区域、工业园区、流域开展试点，进行废水综合毒性评估、区域突发环境事件风险评估，以此作为行业准入、产业布局与结构调整的基本依据，发布典型区域环境风险评估报告范例。

开展环境与健康调查、监测和风险评估。制定环境与健康工作办法，建立环境与健康调查、监测和风险评估制度，形成配套政策、标准和技术体系。开展重点地区、流域、行业环境与健康调查，初步建立环境健康风险哨点监测工作网络，识别和评估重点地区、流域、行业的环境健康风险，对造成环境健康风险的企业和污染物实施清单管理，研究发布一批利于人体健康的环境基准。

严格环境风险预警管理。强化重污染天气、饮用水水源地、有毒有害气体、核安全等预警工作，开展饮用水水源地水质生物毒性、化工园区有毒有害气体等监测预警试点。

强化突发环境事件应急处置管理。健全国家、省、市、县四级联动的突发环境事件应急管理体系，深入推进跨区域、跨部门的突发环境事件应急协调机制，健全综合应急救援体系，建立社会化应急救援机制。完善突发环境事件现场指挥与协调制度，以及信息报告和公开机制。加强突发环境事件调查、突发环境事件环境影响和损失评估制度建设。

加强风险防控基础能力。构建生产、运输、贮存、处置环节的环境风险监测预警网络，建设"能定位、能查询、能跟踪、能预警、能考核"的危险废物全过程信息化监管体系。建立健全突发环境事件应急指挥决策支持系统，完善环境风险源、敏感目标、环境应急能力及环境应急预案等数据库。加强石化等重点行业以及政府和部门突发环境事件应急预案管理。建设国家环境应急救援实训基地，加强环境应急管理队伍、专家队伍建设，强化环境应急物资储备和信息化建设，增强应急监测能力。推动环境应急装备产业化、社会化，推进环境应急能力标准化建设。

第二节 加大重金属污染防治力度

加强重点行业环境管理。严格控制涉重金属新增产能快速扩张，优化产业布局，继续淘汰涉重金属重点行业落后产能。涉重金属行业分布集中、产业规模大、发展速度快、环境问题突出的地区，制定实施更严格的地方污染物排放标准和环境准入标准，依法关停达标无望、治理整顿后仍不能稳定达标的涉重金属企业。制定电镀、制革、铅蓄电池等行业工业园区综合整治方案，推动园区清洁、规范发展。强化涉重金属工业园区和重点工矿企业的重金属污染物排放及周边环境中的重金属监测，加强环境风险隐患排查，向社会公开涉重金属企业生产排放、环境管理和环境质量等信息。组织开展金属矿采选冶炼、钢铁等典型行业和贵州黔西南布依族苗族自治州等典型地区铊污染排放调查，制定铊污染防治方案。加强进口矿产品中重金属等环保项目质量监管。

深化重点区域分类防控。重金属污染防控重点区域制定实施重金属污染综合防治规划，有效防控环境风险和改善区域环境质量，分区指导、一区一策，实施差别化防控管理，加快湘江等流域、区域突出问题综合整治，"十三五"期间，争取20个左右地区退出重点区域。在江苏靖江市、浙江平阳县等16个重点区域和江西大余县浮江河流域等8个流域开展重金属污染综合整治示范，探索建立区域和流域重金属污染治理与风险防控的技术和管理体系。建立"锰三角"（锰矿开采和生产过程中存在严重环境污染问题的重庆市秀山县、湖南省花垣县、贵州省松桃县三个县）综合防控协调机制，统一制定综合整治规划。优化调整重点区域环境质量监测点位，2018年底前建成全国重金属环境监测体系。

专栏5　重金属综合整治示范

（一）区域综合防控（16个）。

泰州靖江市（电镀行业综合整治）、温州平阳县（产业入园升级与综合整治）、湖州长兴县（铅蓄电池行业综合整治）、济源市（重金属综合治理与环境监测）、黄石大冶市及周边地区（铜冶炼治理与历史遗留污染整治）、湘潭竹埠港及周边地区（历史遗留污染治理）、衡阳水口山及周边地区（行业综合整治提升）、郴州三十六湾及周边地区（历史遗留污染整治和环境风险预警监控）、常德石门县雄黄矿地区（历史遗留砷污染治理与风险防控）、河池金城江区（结构调整与历史遗留污染整治）、重庆秀山县（电解锰行业综合治理）、凉山西昌市（有色行业整治及污染地块治理）、铜仁万山区（汞污染综合整治）、红河个旧市（产业调整与历史遗留污染整治）、渭南潼关县（有色行业综合整治）、金昌市金川区（产业升级与历史遗留综合整治）。

（二）流域综合整治（8个）。

赣州大余县浮江河流域（砷）、三门峡灵宝市宏农涧河流域（镉、汞）、荆门钟祥市利河—南泉河流域（砷）、韶关大宝山矿区横石水流域（镉）、河池市南丹县刁江流域（砷、镉）、黔南独山县都柳江流域（锑）、怒江兰坪县沘江流域（铅、镉）、陇南徽县永宁河流域（铅、砷）。

加强汞污染控制。禁止新建采用含汞工艺的电石法聚氯乙烯生产项目，到2020年聚氯乙烯行业每单位产品用汞量在2010年的基础上减少50%。加强燃煤电厂等重点行业汞污染排放控制。禁止新建原生汞矿，逐步停止原生汞开采。淘汰含汞体温计、血压计等添汞产品。

第三节 提高危险废物处置水平

合理配置危险废物安全处置能力。各省（区、市）应组织开展危险废物产生、利用处置能力和设施运行情况评估，科学规划并实施危险废物集中处置设施建设规划，将危险废物集中处置设施纳入当地公共基础设施统筹建设。鼓励大型石油化工等产业基地配套建设危险废物利用处置设施。鼓励产生量大、种类单一的企业和园区配套建设危险废物收集贮存、预处理和处置设施，引导和规范水泥窑协同处置危险废物。开展典型危险废物集中处置设施累积性环境风险评价与防控，淘汰一批工艺落后、不符合标准规范的设施，提标改造一批设施，规范管理一批设施。

防控危险废物环境风险。动态修订国家危险废物名录，开展全国危险废物普查，2020年底前，力争基本摸清全国重点行业危险废物产生、贮存、利用和处置状况。以石化和化工行业为重点，打击危险废物非法转移和利用处置违法犯罪活动。加强进口石化和化工产品质量安全监管，打击以原油、燃料油、润滑油等产品名义进口废油等固体废物。继续开展危险废物规范化管理督查考核，以含铬、铅、汞、镉、砷等重金属废物和生活垃圾焚烧飞灰、抗生素菌渣、高毒持久性废物等为重点开展专项整治。制定废铅蓄电池回收管理办法。明确危险废物利用处置二次污染控制要求及综合利用过程环境保护要求，制定综合利用产品中有毒有害物质含量限值，促进危险废物安全利用。

推进医疗废物安全处置。扩大医疗废物集中处置设施服务范围，建立区域医疗废物协同与应急处置机制，因地制宜推进农村、乡镇和偏远地区医疗废物安全处置。实施医疗废物焚烧设施提标改造工程。提高规范化管理水平，严厉打击医疗废物非法买卖等行为，建立医疗废物特许经营退出机制，严格落实医疗废物处置收费政策。

第四节　夯实化学品风险防控基础

评估现有化学品环境和健康风险。开展一批现有化学品危害初步筛查和风险评估，评估化学品在环境中的积累和风险情况。2017年底前，公布优先控制化学品名录，严格限制高风险化学品生产、使用、进口，并逐步淘汰替代。加强有毒有害化学品环境与健康风险评估能力建设。

削减淘汰公约管制化学品。到2020年，基本淘汰林丹、全氟辛基磺酸及其盐类和全氟辛基磺酰氟、硫丹等一批《关于持久性有机污染物的斯德哥尔摩公约》管制的化学品。强化对拟限制或禁止的持久性有机污染物替代品、最佳可行技术以及相关监测检测设备的研发。

严格控制环境激素类化学品污染。2017年底前，完成环境激素类化学品生产使用情况调查，监控、评估水源地、农产品种植区及水产品集中养殖区风险，实行环境激素类化学品淘汰、限制、替代等措施。

第五节　加强核与辐射安全管理

我国是核能核技术利用大国。"十三五"期间，要强化核安全监管体系和监管能力建设，加快推进核安全法治进程，落实核安全规划，依法从严监管，严防发生放射性污染环境的核事故。

提高核设施、放射源安全水平。持续提高核电厂安全运行水平，加强在建核电机组质量监督，确保新建核电厂满足国际最新核安全标准。加快研究堆、核燃料循环设施安全改进。优化核安全设备许可管理，提高核安全设备质量和可靠性。实施加强放射源安全行动计划。

推进放射性污染防治。加快老旧核设施退役和放射性废物处理处置，进一步提升放射性废物处理处置能力，落实废物最小化政策。推进铀矿冶设施退役治理和环境恢复，加强铀矿冶和伴生放射性矿监督管理。

强化核与辐射安全监管体系和能力建设。加强核与辐射安全监管体制机制建设，将核安全关键技术纳入国家重点研发计划。强化国家、区域、省级核事故应急物资储备和能力建设。建成国家核与辐射安全监管技术研发基地。建立国家核安全监控预警和应急响应平台，完善全国辐射环境监测网络，加强国家、省、地市级核与辐射安全监管能力。

第七章　加大保护力度，强化生态修复

贯彻"山水林田湖是一个生命共同体"理念，坚持保护优先、自然恢复为主，推进重点区域和重要生态系统保护与修复，构建生态廊道和生物多样性保护网络，全面提升各类生态系统稳定性和生态服务功能，筑牢生态安全屏障。

第一节　维护国家生态安全

系统维护国家生态安全。识别事关国家生态安全的重要区域，以生态安全屏障以及大江大河重要水系为骨架，以国家重点生态功能区为支撑，以国家禁止开发区域为节点，以生态廊道和生物多样性保护网络为脉络，优先加强生态保护，维护国家生态安全。

建设"两屏三带"国家生态安全屏障。建设青藏高原生态安全屏障，推进青藏高原区域生态建设与环境保护，重点保护好多样、独特的生态系统。推进黄土高原—川滇生态安全屏障建设，重点加强水土流失防治和天然植被保护，保障长江、黄河中下游地区生态安全。建设东北森林带生态安全屏障，重点保护好森林资源和生物多样性，维护东北平原生态安全。建设北方防沙带生态安全屏障，

重点加强防护林建设、草原保护和防风固沙，对暂不具备治理条件的沙化土地实行封禁保护，保障"三北"地区生态安全。建设南方丘陵山地带生态安全屏障，重点加强植被修复和水土流失防治，保障华南和西南地区生态安全。

构建生物多样性保护网络。深入实施中国生物多样性保护战略与行动计划，继续开展联合国生物多样性十年中国行动，编制实施地方生物多样性保护行动计划。加强生物多样性保护优先区域管理，构建生物多样性保护网络，完善生物多样性迁地保护设施，实现对生物多样性的系统保护。开展生物多样性与生态系统服务价值评估与示范。

第二节　管护重点生态区域

深化国家重点生态功能区保护和管理。制定国家重点生态功能区产业准入负面清单，制定区域限制和禁止发展的产业目录。优化转移支付政策，强化对区域生态功能稳定性和提供生态产品能力的评价和考核。支持甘肃生态安全屏障综合示范区建设，推进沿黄生态经济带建设。加快重点生态功能区生态保护与建设项目实施，加强对开发建设活动的生态监管，保护区域内重点野生动植物资源，明显提升重点生态功能区生态系统服务功能。

优先加强自然保护区建设与管理。优化自然保护区布局，将重要河湖、海洋、草原生态系统及水生生物、自然遗迹、极小种群野生植物和极度濒危野生动物的保护空缺作为新建自然保护区重点，建设自然保护区群和保护小区，全面提高自然保护区管理系统化、精细化、信息化水平。建立全国自然保护区"天地一体化"动态监测体系，利用遥感等手段开展监测，国家级自然保护区每年监测两次，省级自然保护区每年监测一次。定期组织自然保护区专项执法检查，严肃查处违法违规活动，加强问责监督。加强自然保护区综合科学考察、基础调查和管理评估。积极推进全国自然保护区范围界限核准和勘界立标工作，开展自然保护区土地确权和用途管制，有步骤地对居住在自然保护区核心区和缓冲区的居民实施生态移民。到2020年，全国自然保护区陆地面积占我国陆地国土面积的比例稳定在15%左右，国家重点保护野生动植物种类和典型生态系统类型得到保护的占90%以上。

整合设立一批国家公园。加强对国家公园试点的指导，在试点基础上研究制定建立国家公园体制总体方案。合理界定国家公园范围，整合完善分类科学、保护有力的自然保护地体系，更好地保护自然生态和自然文化遗产原真性、完整性。加强风景名胜区、自然文化遗产、森林公园、沙漠公园、地质公园等各类保护地规划、建设和管理的统筹协调，提高保护管理效能。

第三节　保护重要生态系统

保护森林生态系统。完善天然林保护制度，强化天然林保护和抚育，健全和落实天然林管护体系，加强管护基础设施建设，实现管护区域全覆盖，全面停止天然林商业性采伐。继续实施森林管护和培育、公益林建设补助政策。严格保护林地资源，分级分类进行林地用途管制。到2020年，林地保有量达到31230万公顷。

推进森林质量精准提升。坚持保护优先、自然恢复为主，坚持数量和质量并重、质量优先，坚持封山育林、人工造林并举，宜封则封、宜造则造，宜林则林、宜灌则灌、宜草则草，强化森林经营，大力培育混交林，推进退化林修复，优化森林组成、结构和功能。到2020年，混交林占比达到45%，单位面积森林蓄积量达到95立方米/公顷，森林植被碳储量达到95亿吨。

保护草原生态系统。稳定和完善草原承包经营制度，实行基本草原保护制度，落实草畜平衡、禁牧休牧和划区轮牧等制度。严格草原用途管制，加强草原管护员队伍建设，严厉打击非法征占用草原、开垦草原、乱采滥挖草原野生植物等破坏草原的违法犯罪行为。开展草原资源调查和统计，建立草原生产、生态监测预警系统。加强"三化"草原治理，防治鼠虫草害。到2020年，治理"三化"草原3000万公顷。

保护湿地生态系统。开展湿地生态效益补偿试点、退耕还湿试点。在国际和国家重要湿地、湿地自然保护区、国家湿地公园，实施湿地保护与修复工程，逐步恢复湿地生态功能，扩大湿地面积。提升湿地保护与管理能力。

第四节 提升生态系统功能

大规模绿化国土。开展大规模国土绿化行动，加强农田林网建设，建设配置合理、结构稳定、功能完善的城乡绿地，形成沿海、沿江、沿线、沿边、沿湖（库）、沿岛的国土绿化网格，促进山脉、平原、河湖、城市、乡村绿化协同。

继续实施新一轮退耕还林还草和退牧还草。扩大新一轮退耕还林还草范围和规模，在具备条件的25度以上坡耕地、严重沙化耕地和重要水源地15—25度坡耕地实施退耕还林还草。实施全国退牧还草工程建设规划，稳定扩大退牧还草范围，转变草原畜牧业生产方式，建设草原保护基础设施，保护和改善天然草原生态。

建设防护林体系。加强"三北"、长江、珠江、太行山、沿海等防护林体系建设。"三北"地区乔灌草相结合，突出重点、规模治理、整体推进。长江流域推进退化林修复，提高森林质量，构建"两湖一库"防护林体系。珠江流域推进退化林修复。太行山脉优化林分结构。沿海地区推进海岸基干林带和消浪林建设，修复退化林，完善沿海防护林体系和防灾减灾体系。在粮食主产区营造农田林网，加强村镇绿化，提高平原农区防护林体系综合功能。

建设储备林。在水土光热条件较好的南方省区和其他适宜地区，吸引社会资本参与储备林投资、运营和管理，加快推进储备林建设。在东北、内蒙古等重点国有林区，采取人工林集约栽培、现有林改培、抚育及补植补造等措施，建设以用材林和珍贵树种培育为主体的储备林基地。到 2020 年，建设储备林 1400 万公顷，每年新增木材供应能力 9500 万立方米以上。

培育国土绿化新机制。继续坚持全国动员、全民动手、全社会搞绿化的指导方针，鼓励家庭林场、林业专业合作组织、企业、社会组织、个人开展专业化规模化造林绿化。发挥国有林区和林场在绿化国土中的带动作用，开展多种形式的场外合作造林和森林抚育经营，鼓励国有林场担负区域国土绿化和生态修复主体任务。创新产权模式，鼓励地方探索在重要生态区域通过赎买、置换等方式调整商品林为公益林的政策。

第五节 修复生态退化地区

综合治理水土流失。加强长江中上游、黄河中上游、西南岩溶区、东北黑土区等重点区域水土保持工程建设，加强黄土高原地区沟壑区固沟保塬工作，推进东北黑土区侵蚀沟治理，加快南方丘陵地带崩岗治理，积极开展生态清洁小流域建设。

推进荒漠化石漠化治理。加快实施全国防沙治沙规划，开展固沙治沙，加大对主要风沙源区、风沙口、沙尘路径区、沙化扩展活跃区等治理力度，加强"一带一路"沿线防沙治沙，推进沙化土地封禁保护区和防沙治沙综合示范区建设。继续实施京津风沙源治理二期工程，进一步遏制沙尘危害。以"一片两江"（滇桂黔石漠化片区和长江、珠江）岩溶地区为重点，开展石漠化综合治理。到 2020 年，努力建成 10 个百万亩、100 个十万亩、1000 个万亩防沙治沙基地。

加强矿山地质环境保护与生态恢复。严格实施矿产资源开发环境影响评价，建设绿色矿山。加大矿山植被恢复和地质环境综合治理，开展病危险尾矿库和"头顶库"（1公里内有居民或重要设施的尾矿库）专项整治，强化历史遗留矿山地质环境恢复和综合治理。推广实施尾矿库充填开采等技术，建设一批"无尾矿山"（通过有效手段实现无尾矿或仅有少量尾矿占地堆存的矿山），推进工矿废弃地修复利用。

第六节　扩大生态产品供给

推进绿色产业建设。加强林业资源基地建设，加快产业转型升级，促进产业高端化、品牌化、特色化、定制化，满足人民群众对优质绿色产品的需求。建设一批具有影响力的花卉苗木示范基地，发展一批增收带动能力强的木本粮油、特色经济林、林下经济、林业生物产业、沙产业、野生动物驯养繁殖利用示范基地。加快发展和提升森林旅游休闲康养、湿地度假、沙漠探秘、野生动物观赏等产业，加快林产工业、林业装备制造业技术改造和创新，打造一批竞争力强、特色鲜明的产业集群和示范园区，建立绿色产业和全国重点林产品市场监测预警体系。

构建生态公共服务网络。加大自然保护地、生态体验地的公共服务设施建设力度，开发和提供优质的生态教育、游憩休闲、健康养生养老等生态服务产品。加快建设生态标志系统、绿道网络、环卫、安全等公共服务设施，精心设计打造以森林、湿地、沙漠、野生动植物栖息地、花卉苗木为景观依托的生态体验精品旅游线路，集中建设一批公共营地、生态驿站，提高生态体验产品档次和服务水平。

加强风景名胜区和世界遗产保护与管理。开展风景名胜区资源普查，稳步做好世界自然遗产、自然与文化双遗产培育与申报。强化风景名胜区和世界遗产的管理，实施遥感动态监测，严格控制利用方式和强度。加大保护投入，加强风景名胜区保护利用设施建设。

维护修复城市自然生态系统。提高城市生物多样性，加强城市绿地保护，完善城市绿线管理。优化城市绿地布局，建设绿道绿廊，使城市森林、绿地、水系、河湖、耕地形成完整的生态网络。扩大绿地、水域等生态空间，合理规划建设各类城市绿地，推广立体绿化、屋顶绿化。开展城市山体、水体、废弃地、绿地修复，通过自然恢复和人工修复相结合的措施，实施城市生态修复示范工程项目。加强城市周边和城市群绿化，实施"退工还林"，成片建设城市森林。大力提高建成区绿化覆盖率，加快老旧公园改造，提升公园绿地服务功能。推行生态绿化方式，广植当地树种，乔灌草合理搭配、自然生长。加强古树名木保护，严禁移植天然大树进城。发展森林城市、园林城市、森林小镇。到2020年，城市人均公园绿地面积达到14.6平方米，城市建成区绿地率达到38.9%。

第七节　保护生物多样性

开展生物多样性本底调查和观测。实施生物多样性保护重大工程，以生物多样性保护优先区域为重点，开展生态系统、物种、遗传资源及相关传统知识调查与评估，建立全国生物多样性数据库和信息平台。到2020年，基本摸清生物多样性保护优先区域本底状况。完善生物多样性观测体系，开展生物多样性综合观测站和观测样区建设。对重要生物类群和生态系统、国家重点保护物种及其栖息地开展常态化观测、监测、评价和预警。

实施濒危野生动植物抢救性保护。保护、修复和扩大珍稀濒危野生动植物栖息地、原生境保护区（点），优先实施重点保护野生动物和极小种群野生植物保护工程，开发濒危物种繁育、恢复和保护技术，加强珍稀濒危野生动植物救护、繁育和野化放归，开展长江经济带及重点流域人工种群野化放归试点示范，科学进行珍稀濒危野生动植物再引入。优化全国野生动物救护网络，完善布局并建设一批野生动物救护繁育中心，建设兰科植物等珍稀濒危植物的人工繁育中心。强化野生动植物及其制品利用监管，开展野生动植物繁育利用及其制品的认证标识。调整修订国家重点保护野生动植物名录。

加强生物遗传资源保护。建立生物遗传资源及相关传统知识获取与惠益分享制度，规范生物遗传资源采集、保存、交换、合作研究和开发利用活动，加强与遗传资源相关传统知识保护。开展生物遗传资源价值评估，加强对生物资源的发掘、整理、检测、培育和性状评价，筛选优良生物遗传基因。强化野生动植物基因保护，建设野生动植物人工种群保育基地和基因库。完善西南部生物遗传资源库，新建中东部生物遗传资源库，收集保存国家特有、珍稀濒危及具有重要价值的生物遗传资源。建设药用植物资源、农作物种质资源、野生花卉种质资源、林木种质资源中长期保存库（圃），合理规划和建设植物园、动物园、野生动物繁育中心。

强化野生动植物进出口管理。加强生物遗传资源、野生动植物及其制品进出口管理，建立部门信息共享、联防联控的工作机制，建立和完善进出口电子信息网络系统。严厉打击象牙等野生动植物制品非法交易，构建情报信息分析研究和共享平台，组建打击非法交易犯罪合作机制，严控特有、珍稀、濒危野生动植物种质资源流失。

防范生物安全风险。加强对野生动植物疫病的防护。建立健全国家生态安全动态监测预警体系，定期对生态风险开展全面调查评估。加强转基因生物环境释放监管，开展转基因生物环境释放风险评价和跟踪监测。建设国门生物安全保护网，完善国门生物安全查验机制，严格外来物种引入管理。严防严控外来有害生物物种入侵，开展外来入侵物种普查、监测与生态影响评价，对造成重大生态危害的外来入侵物种开展治理和清除。

第八章 加快制度创新，积极推进治理体系和治理能力现代化

统筹推进生态环境治理体系建设，以环保督察巡视、编制自然资源资产负债表、领导干部自然资源资产离任审计、生态环境损害责任追究等落实地方环境保护责任，以环境司法、排污许可、损害赔偿等落实企业主体责任，加强信息公开，推进公益诉讼，强化绿色金融等市场激励机制，形成政府、企业、公众共治的治理体系。

第一节 健全法治体系

完善法律法规。积极推进资源环境类法律法规制修订。适时完善水污染防治、环境噪声污染防治、土壤污染防治、生态保护补偿、自然保护区等相关制度。

严格环境执法监督。完善环境执法监督机制，推进联合执法、区域执法、交叉执法，强化执法监督和责任追究。进一步明确环境执法部门行政调查、行政处罚、行政强制等职责，有序整合不同领域、不同部门、不同层次的执法监督力量，推动环境执法力量向基层延伸。

推进环境司法。健全行政执法和环境司法的衔接机制，完善程序衔接、案件移送、申请强制执行等方面规定，加强环保部门与公安机关、人民检察院和人民法院的沟通协调。健全环境案件审理制度。积极配合司法机关做好相关司法解释的制修订工作。

第二节 完善市场机制

推行排污权交易制度。建立健全排污权初始分配和交易制度，落实排污权有偿使用制度，推进排污权有偿使用和交易试点，加强排污权交易平台建设。鼓励新建项目污染物排放指标通过交易方式取得，且不得增加本地区污染物排放总量。推行用能预算管理制度，开展用能权有偿使用和交易试点。

发挥财政税收政策引导作用。开征环境保护税。全面推进资源税改革，逐步将资源税扩展到占用各种自然生态空间范畴。落实环境保护、生态建设、新能源开发利用的税收优惠政策。研究制定重点危险废物集中处置设施、场所的退役费用预提政策。

深化资源环境价格改革。完善资源环境价格机制，全面反映市场供求、资源稀缺程度、生态环境损害成本和修复效益等因素。落实调整污水处理费和水资源费征收标准政策，提高垃圾处理费收缴率，完善再生水价格机制。研究完善燃煤电厂环保电价政策，加大高耗能、高耗水、高污染行业差别化电价水价等政策实施力度。

加快环境治理市场主体培育。探索环境治理项目与经营开发项目组合开发模式，健全社会资本投资环境治理回报机制。深化环境服务试点，创新区域环境治理一体化、环保"互联网+"、环保物联网等污染治理与管理模式，鼓励各类投资进入环保市场。废止各类妨碍形成全国统一市场和公平竞争的制度规定，加强环境治理市场信用体系建设，规范市场环境。鼓励推行环境治理依效付费与环境绩效合同服务。

建立绿色金融体系。建立绿色评级体系以及公益性的环境成本核算和影响评估体系，明确贷款人尽职免责要求和环境保护法律责任。鼓励各类金融机构加大绿色信贷发放力度。在环境高风险领域建立环境污染强制责任保险制度。研究设立绿色股票指数和发展相关投资产品。鼓励银行和企业发行绿色债券,鼓励对绿色信贷资产实行证券化。加大风险补偿力度,支持开展排污权、收费权、购买服务协议抵押等担保贷款业务。支持设立市场化运作的各类绿色发展基金。

加快建立多元化生态保护补偿机制。加大对重点生态功能区的转移支付力度,合理提高补偿标准,向生态敏感和脆弱地区、流域倾斜,推进有关转移支付分配与生态保护成效挂钩,探索资金、政策、产业及技术等多元互补方式。完善补偿范围,逐步实现森林、草原、湿地、荒漠、河流、海洋和耕地等重点领域和禁止开发区域、重点生态功能区等重要区域全覆盖。中央财政支持引导建立跨省域的生态受益地区和保护地区、流域上游与下游的横向补偿机制,推进省级区域内横向补偿。在长江、黄河等重要河流探索开展横向生态保护补偿试点。深入推进南水北调中线工程水源区对口支援、新安江水环境生态补偿试点,推动在京津冀水源涵养区、广西广东九洲江、福建广东汀江—韩江、江西广东东江、云南贵州广西广东西江等开展跨地区生态保护补偿试点。到2017年,建立京津冀区域生态保护补偿机制,将北京、天津支持河北开展生态建设与环境保护制度化。

第三节 落实地方责任

落实政府生态环境保护责任。建立健全职责明晰、分工合理的环境保护责任体系,加强监督检查,推动落实环境保护党政同责、一岗双责。省级人民政府对本行政区域生态环境和资源保护负总责,对区域流域生态环保负相应责任,统筹推进区域环境基本公共服务均等化,市级人民政府强化统筹和综合管理职责,区县人民政府负责执行落实。

改革生态环境保护体制机制。积极推行省以下环保机构监测监察执法垂直管理制度改革试点，加强对地方政府及其相关部门环保履责情况的监督检查。建立区域流域联防联控和城乡协同的治理模式。建立和完善严格监管所有污染物排放的环境保护管理制度。

推进战略和规划环评。在完成京津冀、长三角、珠三角地区及长江经济带、"一带一路"战略环评基础上，稳步推进省、市两级行政区战略环评。探索开展重大政策环境影响论证试点。严格开展开发建设规划环评，作为规划编制、审批、实施的重要依据。深入开展城市、新区总体规划环评，强化规划环评生态空间保护，完善规划环评会商机制。以产业园区规划环评为重点，推进空间和环境准入的清单管理，探索园区内建设项目环评审批管理改革。加强项目环评与规划环评联动，建设四级环保部门环评审批信息联网系统。地方政府和有关部门要依据战略、规划环评，把空间管制、总量管控和环境准入等要求转化为区域开发和保护的刚性约束。严格规划环评责任追究，加强对地方政府和有关部门规划环评工作开展情况的监督。

编制自然资源资产负债表。探索编制自然资源资产负债表，建立实物量核算账户，建立生态环境价值评估制度，开展生态环境资产清查与核算。实行领导干部自然资源资产离任审计，推动地方领导干部落实自然资源资产管理责任。在完成编制自然资源资产负债表试点基础上，逐步建立健全自然资源资产负债表编制制度，在国家层面探索形成主要自然资源资产价值量核算技术方法。

建立资源环境承载能力监测预警机制。研究制定监测评价、预警指标体系和技术方法，开展资源环境承载能力监测预警与成因解析，对资源消耗和环境容量接近或超过承载能力的地区实行预警提醒和差异化的限制性措施,严格约束开发活动在资源环境承载能力范围内。各省(区、市)应组织开展市、县域资源环境承载能力现状评价,超过承载能力的地区要调整发展规划和产业结构。

实施生态文明绩效评价考核。贯彻落实生态文明建设目标评价考核办法,建立体现生态文明要求的目标体系、考核办法、奖惩机制,把资源消耗、环境损害、生态效益纳入地方各级政府经济社会发展评价体系,对不同区域主体功能定位实行差异化绩效评价考核。

开展环境保护督察。推动地方落实生态环保主体责任,开展环境保护督察,重点检查环境质量呈现恶化趋势的区域流域及整治情况,重点督察地方党委和政府及其有关部门环保不作为、乱作为的情况,重点了解地方落实环境保护党政同责、一岗双责以及严格责任追究等情况,推动地方生态文明建设和环境保护工作,促进绿色发展。

建立生态环境损害责任终身追究制。建立重大决策终身责任追究及责任倒查机制,对在生态环境和资源方面造成严重破坏负有责任的干部不得提拔使用或者转任重要职务,对构成犯罪的依法追究刑事责任。实行领导干部自然资源资产离任审计,对领导干部离任后出现重大生态环境损害并认定其应承担责任的,实行终身追责。

第四节 加强企业监管

建立覆盖所有固定污染源的企业排放许可制度。全面推行排污许可,以改善环境质量、防范环境风险为目标,将污染物排放种类、浓度、总量、排放去向等纳入许可证管理范围,企业按排污许可证规定生产、排污。完善污染治理责任体系,环境保护部门对照排污许可证要求对企业排污行为实施监管执法。2017年底前，完成重点行业及产能过剩行业企业许可证核发，建成全国排污许可管理信息平台。到2020年，全国基本完成排污许可管理名录规定行业企业的许可证核发。

激励和约束企业主动落实环保责任。建立企业环境信用评价和违法排污黑名单制度，企业环境违法信息将记入社会诚信档案，向社会公开。建立上市公司环保信息强制性披露机制，对未尽披露义务的上市公司依法予以处罚。实施能效和环保"领跑者"制度，采取财税优惠、荣誉表彰等措施激励企业实现更高标准的环保目标。到2020年，分级建立企业环境信用评价体系，将企业环境信用信息纳入全国信用信息共享平台，建立守信激励与失信惩戒机制。

建立健全生态环境损害评估和赔偿制度。推进生态环境损害鉴定评估规范化管理，完善鉴定评估技术方法。2017年底前，完成生态环境损害赔偿制度改革试点；自2018年起，在全国试行生态环境损害赔偿制度；到2020年，力争在全国范围内初步建立生态环境损害赔偿制度。

第五节　实施全民行动

提高全社会生态环境保护意识。加大生态环境保护宣传教育，组织环保公益活动，开发生态文化产品，全面提升全社会生态环境保护意识。地方各级人民政府、教育主管部门和新闻媒体要依法履行环境保护宣传教育责任，把环境保护和生态文明建设作为践行社会主义核心价值观的重要内容，实施全民环境保护宣传教育行动计划。引导抵制和谴责过度消费、奢侈消费、浪费资源能源等行为，倡导勤俭节约、绿色低碳的社会风尚。鼓励生态文化作品创作，丰富环境保护宣传产品，开展环境保护公益宣传活动。建设国家生态环境教育平台，引导公众践行绿色简约生活和低碳休闲模式。小学、中学、高等学校、职业学校、培训机构等要将生态文明教育纳入教学内容。

推动绿色消费。强化绿色消费意识，提高公众环境行为自律意识，加快衣食住行向绿色消费转变。实施全民节能行动计划，实行居民水、电、气阶梯价格制度，推广节水、节能用品和绿色环保家具、建材等。实施绿色建筑行动计划，完善绿色建筑标准及认证体系，扩大强制执行范围，京津冀地区城镇新建建筑中绿色建筑达到50%以上。强化政府绿色采购制度，制定绿色产品采购目录，倡导非政府机构、企业实行绿色采购。鼓励绿色出行，改善步行、自行车出行条件，完善城市公共交通服务体系。到2020年，城区常驻人口300万以上城市建成区公共交通占机动化出行比例达到60%。

强化信息公开。建立生态环境监测信息统一发布机制。全面推进大气、水、土壤等生态环境信息公开，推进监管部门生态环境信息、排污单位环境信息以及建设项目环境影响评价信息公开。各地要建立统一的信息公开平台，健全反馈机制。建立健全环境保护新闻发言人制度。

加强社会监督。建立公众参与环境管理决策的有效渠道和合理机制，鼓励公众对政府环保工作、企业排污行为进行监督。在建设项目立项、实施、后评价等环节，建立沟通协商平台，听取公众意见和建议，保障公众环境知情权、参与权、监督权和表达权。引导新闻媒体，加强舆论监督，充分利用"12369"环保热线和环保微信举报平台。研究推进环境典型案例指导示范制度，推动司法机关强化公民环境诉权的保障，细化环境公益诉讼的法律程序，加强对环境公益诉讼的技术支持，完善环境公益诉讼制度。

第六节 提升治理能力

加强生态环境监测网络建设。统一规划、优化环境质量监测点位，建设涵盖大气、水、土壤、噪声、辐射等要素，布局合理、功能完善的全国环境质量监测网络，实现生态环境监测信息集成共享。大气、地表水环境质量监测点位总体覆盖80%左右的区县，人口密集的区县实现全覆盖，土壤环境质量监测点位实现全覆盖。提高大气环境质量预报和污染预警水平，强化污染源追踪与解析，地级及以上城市开展大气环境质量预报。建设国家水质监测预警平台。加强饮用水水源和土壤中持久性、生物富集性以及对人体健康危害大的污染物监测。加强重点流域城镇集中式饮用水水源水质、水体放射性监测和预警。建立天地一体化的生态遥感监测系统，实现环境卫星组网运行，加强无人机遥感监测和地面生态监测。构建生物多样性观测网络。

专栏6　全国生态环境监测网络建设

（一）稳步推进环境质量监测事权上收。

对1436个城市大气环境质量自动监测站、96个区域站和16个背景站，2767个国控地表水监测断面、419个近岸海域水环境质量监测点和300个水质自动监测站、40000个土壤环境国家监控点位，承担管理职责，保障运行经费，采取第三方监测服务、委托地方运维管理、直接监测等方式运行，推动环境监测数据联网共享与统一发布。

（二）加快建设生态监测网络。

建立天地一体化的生态遥感监测系统，建立生态功能地面监测站点，加强无人机遥感监测，对重要生态系统服务功能开展统一监测、统一信息公布。建设全国生态保护红线监管平台，建立一批相对固定的生态保护红线监管地面核查点。建立生物多样性观测网络体系，开展重要生态系统和生物类群的常态化监测与观测。新建大气辐射自动监测站400个、土壤辐射监测点163个、饮用水水源地辐射监测点330个。建设森林监测站228个、湿地监测站85个、荒漠监测站108个、生物多样性监测站300个。

加强环境监管执法能力建设。实现环境监管网格化管理,优化配置监管力量,推动环境监管服务向农村地区延伸。完善环境监管执法人员选拔、培训、考核等制度,充实一线执法队伍,保障执法装备,加强现场执法取证能力,加强环境监管执法队伍职业化建设。实施全国环保系统人才双向交流计划,加强中西部地区环境监管执法队伍建设。到2020年,基本实现各级环境监管执法人员资格培训及持证上岗全覆盖,全国县级环境执法机构装备基本满足需求。

加强生态环保信息系统建设。组织开展第二次全国污染源普查,建立完善全国污染源基本单位名录。加强环境统计能力,将小微企业纳入环境统计范围,梳理污染物排放数据,逐步实现各套数据的整合和归真。建立典型生态区基础数据库和信息管理系统。建设和完善全国统一、覆盖全面的实时在线环境监测监控系统。加快生态环境大数据平台建设,实现生态环境质量、污染源排放、环境执法、环评管理、自然生态、核与辐射等数据整合集成、动态更新,建立信息公开和共享平台,启动生态环境大数据建设试点。提高智慧环境管理技术水平,重点提升环境污染治理工艺自动化、智能化技术水平,建立环保数据共享与产品服务业务体系。

专栏7 加强生态环境基础调查

加大基础调查力度,重点开展第二次全国污染源普查、全国危险废物普查、集中式饮用水水源环境保护状况调查、农村集中式饮用水水源环境保护状况调查、地下水污染调查、土壤污染状况详查、环境激素类化学品调查、生物多样性综合调查、外来入侵物种调查、重点区域河流湖泊底泥调查、国家级自然保护区资源环境本底调查、公民生活方式绿色化实践调查。开展全国生态状况变化(2011—2015年)调查评估、生态风险调查评估、地下水基础环境状况调查评估、公众生态文明意识调查评估、长江流域生态健康调查评估、环境健康调查、监测和风险评估等。

第九章 实施一批国家生态环境保护重大工程

"十三五"期间,国家组织实施工业污染源全面达标排放等25项重点工程,建立重大项目库,强化项目绩效管理。项目投入以企业和地方政府为主,中央财政予以适当支持。

专栏8 环境治理保护重点工程

(一)工业污染源全面达标排放。
限期改造50万蒸吨燃煤锅炉、工业园区污水处理设施。全国地级及以上城市建成区基本淘汰10蒸吨以下燃煤锅炉,完成燃煤锅炉脱硫脱硝除尘改造、钢铁行业烧结机脱硫改造、水泥行业脱硝改造。对钢铁、水泥、平板玻璃、造纸、印染、氮肥、制糖等行业中不能稳定达标的企业逐一进行改造。限期改造工业园区污水处理设施。
(二)大气污染重点区域气化。
建设完善京津冀、长三角、珠三角和东北地区天然气输送管道、城市燃气管网、天然气储气库、城市调峰站储气罐等基础设施,推进重点城市"煤改气"工程,替代燃煤锅炉18.9万蒸吨。
(三)燃煤电厂超低排放改造。
完成4.2亿千瓦机组超低排放改造任务,实施1.1亿千瓦机组达标改造,限期淘汰2000万千瓦落后产能和不符合相关强制性标准要求的机组。
(四)挥发性有机物综合整治。
开展石化企业挥发性有机物治理,实施有机化工园区、医药化工园区及煤化工基地挥发性有机物综合整治,推进加油站、油罐车、储油库油气回收及综合治理。推动工业涂装和包装印刷行业挥发性有机物综合整治。
(五)良好水体及地下水环境保护。
对江河源头及378个水质达到或优于Ⅲ类的江河湖库实施严格保护。实施重要江河湖库入河排污口整治工程。完成重要饮用水水源地达标建设,推进备用水源建设、水源涵养和生态修复,探索建设生物缓冲带。加强地下水保护,对报废矿井、钻井、取水井实施封井回填,开展京津冀晋等区域地下水修复试点。

续表

（六）重点流域海域水环境治理。

针对七大流域及近岸海域水环境突出问题，以580个优先控制单元为重点，推进流域水环境保护与综合治理，统筹点源、面源污染防治和河湖生态修复，分类施策，实施流域水环境综合治理工程，加大整治力度，切实改善重点流域海域水环境质量。实施太湖、洞庭湖、滇池、巢湖、鄱阳湖、白洋淀、乌梁素海、呼伦湖、艾比湖等重点湖库水污染综合治理。开展长江中下游、珠三角等河湖内源治理。

（七）城镇生活污水处理设施全覆盖。

以城市黑臭水体整治和343个水质需改善控制单元为重点，强化污水收集处理与重污染水体治理。加强城市、县城和重点镇污水处理设施建设，加快收集管网建设，对污水处理厂升级改造，全面达到一级A排放标准。推进再生水回用，强化污泥处理处置，提升污泥无害化处理能力。

（八）农村环境综合整治。

实施农村生活垃圾治理专项行动，推进13万个行政村环境综合整治，实施农业废弃物资源化利用示范工程，建设污水垃圾收集处理利用设施，梯次推进农村生活污水治理，实现90%的行政村生活垃圾得到治理。实施畜禽养殖废弃物污染治理与资源化利用，开展畜禽规模养殖场（小区）污染综合治理，实现75%以上的畜禽养殖场（小区）配套建设固体废物和污水贮存处理设施。

（九）土壤环境治理。

组织开展土壤污染详查，开发土壤环境质量风险识别系统。完成100个农用地和100个建设用地污染治理试点。建设6个土壤污染综合防治先行区。开展1000万亩受污染耕地治理修复和4000万亩受污染耕地风险管控。组织开展化工企业搬迁后污染状况详查，制定综合整治方案，开展治理与修复工程示范，对暂不开发利用的高风险污染地块实施风险管控。全面整治历史遗留尾矿库。实施高风险历史遗留重金属污染地块、河道、废渣污染修复治理工程，完成31块历史遗留无主铬渣污染地块治理修复。

续表

(十) 重点领域环境风险防范。

开展生活垃圾焚烧飞灰处理处置,建成区域性废铅蓄电池、废锂电池回收网络。加强有毒有害化学品环境和健康风险评估能力建设,建立化学品危害特性基础数据库,建设国家化学品计算毒理中心和国家化学品测试实验室。建设50个针对大型化工园区、集中饮用水水源地等不同类型风险区域的全过程环境风险管理示范区。建设1个国家环境应急救援实训基地,具备人员实训、物资储备、成果展示、应急救援、后勤保障、科技研发等核心功能,配套建设环境应急演练系统、环境应急模拟训练场以及网络培训平台。建设国家生态环境大数据平台,研制发射系列化的大气环境监测卫星和环境卫星后续星并组网运行。建设全国及重点区域大气环境质量预报预警平台、国家水质监测预警平台、国家生态保护监控平台。加强中西部地区市县两级、东部欠发达地区县级执法机构的调查取证仪器设备配置。

(十一) 核与辐射安全保障能力提升。

建成核与辐射安全监管技术研发基地,加快建设早期核设施退役及历史遗留放射性废物处理处置工程,建设5座中低放射性废物处置场和1个高放射性废物处理地下实验室,建设高风险放射源实时监控系统,废旧放射源100%安全收贮。加强国家核事故应急救援队伍建设。

专栏9 山水林田湖生态工程

(一) 国家生态安全屏障保护修复。

推进青藏高原、黄土高原、云贵高原、秦巴山脉、祁连山脉、大小兴安岭和长白山、南岭山地地区、京津冀水源涵养区、内蒙古高原、河西走廊、塔里木河流域、滇桂黔喀斯特地区等关系国家生态安全的核心地区生态修复治理。

(二) 国土绿化行动。

开展大规模植树增绿活动,集中连片建设森林,加强"三北"、沿海、长江和珠江流域等防护林体系建设,加快建设储备林及用材林基地建设,推进退化防护林修复,建设绿色生态保护空间和连接各生态空间的生态廊道。开展农田防护林建设,开展太行山绿化,开展盐碱地、干热河谷造林试点示范,开展山体生态修复。

续表

（三）国土综合整治。

开展重点流域、海岸带和海岛综合整治，加强矿产资源开发集中地区地质环境治理和生态修复。推进损毁土地、工矿废弃地复垦，修复受自然灾害、大型建设项目破坏的山体、矿山废弃地。加大京杭大运河、黄河明清故道沿线综合治理力度。推进边疆地区国土综合开发、防护和整治。

（四）天然林资源保护。

将天然林和可以培育成为天然林的未成林封育地、疏林地、灌木林地全部划入天然林，对难以自然更新的林地通过人工造林恢复森林植被。

（五）新一轮退耕还林还草和退牧还草。

实施具备条件的25度以上坡耕地、严重沙化耕地和重要水源地15—25度坡耕地退耕还林还草。稳定扩大退牧还草范围，优化建设内容，适当提高中央投资补助标准。实施草原围栏1000万公顷、退化草原改良267万公顷、建设人工饲草地33万公顷、舍饲棚圈（储草棚、青贮窖）30万户、开展岩溶地区草地治理33万公顷、黑土滩治理7万公顷、毒害草治理12万公顷。

（六）防沙治沙和水土流失综合治理。

实施北方防沙带、黄土高原区、东北黑土区、西南岩溶区以及"一带一路"沿线区域等重点区域水土流失综合防治，以及京津风沙源和石漠化综合治理，推进沙化土地封禁保护、坡耕地综合治理、侵蚀沟整治和生态清洁小流域建设。新增水土流失治理面积27万平方公里。

（七）河湖与湿地保护恢复。

加强长江中上游、黄河沿线及贵州草海等自然湿地保护，对功能降低、生物多样性减少的湿地进行综合治理，开展湿地可持续利用示范。加强珍稀濒危水生生物、重要水产种质资源以及产卵场、索饵场、越冬场、洄游通道等重要渔业水域保护。推进京津冀"六河五湖"、湖北"四湖"、钱塘江上游、草海、梁子湖、汾河、滹沱河、红碱淖等重要河湖和湿地生态保护与修复，推进城市河湖生态化治理。

续表

（八）濒危野生动植物抢救性保护。

保护和改善大熊猫、朱鹮、虎、豹、亚洲象、兰科植物、苏铁类、野生稻等珍稀濒危野生动植物栖息地，建设原生境保护区、救护繁育中心和基因库，开展拯救繁育和野化放归。加强野外生存繁衍困难的极小种群、野生植物和极度濒危野生动物拯救。开展珍稀濒危野生动植物种质资源调查、抢救性收集和保存，建设种质资源库（圃）。

（九）生物多样性保护。

开展生物多样性保护优先区域生物多样性调查和评估，建设 50 个生物多样性综合观测站和 800 个观测样区，建立生物多样性数据库及生物多样性评估预警平台、生物物种查验鉴定平台，完成国家级自然保护区勘界确权，60% 以上国家级自然保护区达到规范化建设要求，加强生态廊道建设，有步骤地实施自然保护区核心区、缓冲区生态移民，完善迁地保护体系，建设国家生物多样性博物馆。开展生物多样性保护、恢复与减贫示范。

（十）外来入侵物种防治行动。

选择 50 个国家级自然保护区开展典型外来入侵物种防治行动。选择云南、广西和东南沿海省份等外来入侵物种危害严重区域，建立 50 个外来入侵物种防控和资源化利用示范推广区，建设 100 个天敌繁育基地、1000 公里隔离带。建设 300 个口岸物种查验点，提升 50 个重点进境口岸的防范外来物种入侵能力。针对已入侵我国的外来物种进行调查，建立外来入侵物种数据库，构建卫星遥感与地面监测相结合的外来入侵物种监测预警体系。

（十一）森林质量精准提升。

加快推进混交林培育、森林抚育、退化林修复、公益林管护和林木良种培育。精准提升大江大河源头、国有林区（场）和集体林区森林质量。森林抚育 4000 万公顷，退化林修复 900 万公顷。

续表

（十二）古树名木保护。
严格保护古树名木树冠覆盖区域、根系分布区域，科学设置标牌和保护围栏，对衰弱、濒危古树名木采取促进生长、增强树势措施，抢救古树名木60万株、复壮300万株。
（十三）城市生态修复和生态产品供给。
对城市规划区范围内自然资源和生态空间进行调查评估，综合识别已被破坏、自我恢复能力差、亟需实施修复的区域，开展城市生态修复试点示范。推进绿道绿廊建设，合理规划建设各类公园绿地，加快老旧公园改造，增加生态产品供给。
（十四）生态环境技术创新。
建设一批生态环境科技创新平台，优先推动建设一批专业化环保高新技术开发区。推进水、大气、土壤、生态、风险、智慧环保等重大研究专项，实施京津冀、长江经济带、"一带一路"、东北老工业基地、湘江流域等区域环境质量提升创新工程，实施青藏高原、黄土高原、北方风沙带、西南岩溶区等生态屏障区保护修复创新工程，实施城市废物安全处置与循环利用创新工程、环境风险治理与清洁替代创新工程、智慧环境创新工程。推进环境保护重点实验室、工程技术中心、科学观测站和决策支撑体系建设。建设澜沧江—湄公河水资源合作中心和环境合作中心、"一带一路"信息共享与决策平台。

第十章 健全规划实施保障措施

第一节 明确任务分工

明确地方目标责任。地方各级人民政府是规划实施的责任主体，要把生态环境保护目标、任务、措施和重点工程纳入本地区国民经济和社会发展规划，制定并公布生态环境保护重点任务和年度目标。各地区对规划实施情况进行信息公开，推动全社会参与和监督，确保各项任务全面完成。

部门协同推进规划任务。有关部门要各负其责，密切配合，完善体制机制，加大资金投入，加大规划实施力度。在大气、水、土壤、重金属、生物多样性等领域建立协作机制，定期研究解决重大问题。环境保护部每年向国务院报告环境保护重点工作进展情况。

第二节　加大投入力度

加大财政资金投入。按照中央与地方事权和支出责任划分的要求，加快建立与环保支出责任相适应的财政管理制度，各级财政应保障同级生态环保重点支出。优化创新环保专项资金使用方式，加大对环境污染第三方治理、政府和社会资本合作模式的支持力度。按照山水林田湖系统治理的要求，整合生态保护修复相关资金。

拓宽资金筹措渠道。完善使用者付费制度，支持经营类环境保护项目。积极推行政府和社会资本合作，探索以资源开发项目、资源综合利用等收益弥补污染防治项目投入和社会资本回报，吸引社会资本参与准公益性和公益性环境保护项目。鼓励社会资本以市场化方式设立环境保护基金。鼓励创业投资企业、股权投资企业和社会捐赠资金增加生态环保投入。

第三节　加强国际合作

参与国际环境治理。积极参与全球环境治理规则构建，深度参与环境国际公约、核安全国际公约和与环境相关的国际贸易投资协定谈判，承担并履行好同发展中大国相适应的国际责任，并做好履约工作。依法规范境外环保组织在华活动。加大宣传力度，对外讲好中国环保故事。根据对外援助统一部署，加大对外援助力度，创新对外援助方式。

提升国际合作水平。建立完善与相关国家、国际组织、研究机构、民间团体的交流合作机制，搭建对话交流平台，促进生态环保理念、管理制度政策、环保产业技术等方面的国际交流合作，全面提升国际化水平。组织开展一批大气、水、土壤、生物多样性等领域的国际合作项目。落实联合国2030年可持续发展议程。加强与世界各国、区域和国际组织在生态环保和核安全领域的对话交流与务实合作。加强南南合作，积极开展生态环保和核安全领域的对外合作。严厉打击化学品非法贸易、固体废物非法越境转移。

第四节　推进试点示范

推进国家生态文明试验区建设。以改善生态环境质量、推动绿色发展为目标，以体制创新、制度供给、模式探索为重点，设立统一规范的国家生态文明试验区。积极推进绿色社区、绿色学校、生态工业园区等"绿色细胞"工程。到2017年，试验区重点改革任务取得重要进展，形成若干可操作、有效管用的生态文明制度成果；到2020年，试验区率先建成较为完善的生态文明制度体系，形成一批可在全国复制推广的重大制度成果。

强化示范引领。深入开展生态文明建设示范区创建，提高创建规范化和制度化水平，注重创建的区域平衡性。加强创建与环保重点工作的协调联动，强化后续监督与管理，开展成效评估和经验总结，宣传推广现有的可复制、可借鉴的创建模式。

深入推进重点政策制度试点示范。开展农村环境保护体制机制综合改革与创新试点。试点划分环境质量达标控制区和未达标控制区，分别按照排放标准和质量约束实施污染源监管和排污许可。推进环境审计、环境损害赔偿、环境服务业和政府购买服务改革试点，强化政策支撑和监管，适时扩大环境污染第三方治理试点地区、行业范围。开展省级生态环境保护综合改革试点。

第五节 严格评估考核

环境保护部要会同有关部门定期对各省（区、市）环境质量改善、重点污染物排放、生态环境保护重大工程进展情况进行调度，结果向社会公开。整合各类生态环境评估考核，在2018年、2020年底，分别对本规划执行情况进行中期评估和终期考核，评估考核结果向国务院报告，向社会公布，并作为对领导班子和领导干部综合考核评价的重要依据。

环境保护行政许可
听证暂行办法

国家环境保护总局令
第 22 号

各省、自治区、直辖市环境保护局（厅）

根据《中华人民共和国行政许可法》和《中华人民共和国环境影响评价法》等法律法规，特制定《环境保护行政许可听证暂行办法》。本办法已于 2004 年 6 月 17 日经国家环境保护总局局务会议通过，现予发布，自 2004 年 7 月 1 日起施行。

国家环境保护总局局长
二〇〇四年六月二十三日

第一章 总　则

第一条 为了规范环境保护行政许可活动，保障和监督环境保护行政主管部门依法行政，提高环境保护行政许可的科学性、公正性、合理性和民主性，保护公民、法人和其他组织的合法权益，根据《中华人民共和国行政许可法》、《中华人民共和国环境影响评价法》等有关法律法规的规定，制定本办法。

第二条　县级以上人民政府环境保护行政主管部门实施环境保护行政许可时，适用本办法进行听证。

第三条　听证由拟作出环境保护行政许可决定的环境保护行政主管部门组织。

第四条　环境保护行政主管部门组织听证，应当遵循公开、公平、公正和便民的原则，充分听取公民、法人和其他组织的意见，保证其陈述意见、质证和申辩的权利。除涉及国家秘密、商业秘密或者个人隐私外，听证应当公开举行。公开举行的听证，公民、法人或者其他组织可以申请参加旁听。

第二章　听证的适用范围

第五条　实施环境保护行政许可，有下列情形之一的，适用本办法：

（一）按照法律、法规、规章的规定，实施环境保护行政许可应当组织听证的；

（二）实施涉及公共利益的重大环境保护行政许可，环境保护行政主管部门认为需要听证的；

（三）环境保护行政许可直接涉及申请人与他人之间重大利益关系，申请人、利害关系人依法要求听证的。

第六条　除国家规定需要保密的建设项目外，建设本条所列项目的单位，在报批环境影响报告书前，未依法征求有关单位、专家和公众的意见，或者虽然依法征求了有关单位、专家和公众的意见，但存在重大意见分歧的，环境保护行政主管部门在审查或者重

新审核建设项目环境影响评价文件之前,可以举行听证会,征求项目所在地有关单位和居民的意见:

（一）对环境可能造成重大影响、应当编制环境影响报告书的建设项目；

（二）可能产生油烟、恶臭、噪声或者其他污染,严重影响项目所在地居民生活环境质量的建设项目。

第七条 对可能造成不良环境影响并直接涉及公众环境权益的工业、农业、畜牧业、林业、能源、水利、交通、城市建设、旅游、自然资源开发的有关专项规划,设区的市级以上人民政府在审批该专项规划草案和作出决策之前,指定环境保护行政主管部门对环境影响报告书进行审查的,环境保护行政主管部门可以举行听证会,征求有关单位、专家和公众对环境影响报告书草案的意见。国家规定需要保密的规划除外。

第三章　听证主持人和听证参加人

第八条 环境保护行政许可的听证活动,由承担许可职能的环境保护行政主管部门组织,并由其指定听证主持人具体实施。

听证主持人应当由环境保护行政主管部门许可审查机构内审查该行政许可申请的工作人员以外的人员担任。

环境行政许可事项重大复杂,环境保护行政主管部门决定举行听证,由许可审查机构的人员担任听证主持人可能影响公正处理的,由法制机构工作人员担任听证主持人。

记录员由听证主持人指定。

第九条 听证主持人在听证活动中行使下列职权:

（一）决定举行听证的时间、地点和方式；

（二）决定听证的延期、中止或者终结；

（三）决定证人是否出席作证；

（四）就听证事项进行询问；

（五）接收并审核有关证据，必要时可要求听证参加人提供或者补充证据；

（六）指挥听证活动，维护听证秩序，对违反听证纪律的行为予以警告直至责令其退场；

（七）对听证笔录进行审阅；

（八）法律、法规和规章赋予的其他职权。

记录员具体承担听证准备和听证记录工作。

第十条 听证主持人在听证活动中承担下列义务：

（一）决定将有关听证的通知及时送达行政许可申请人、利害关系人、行政许可审查人员、鉴定人、翻译人员等听证参加人；

（二）公正地主持听证，保证当事人行使陈述权、申辩权和质证权；

（三）符合回避情形的，应当自行回避；

（四）保守听证案件涉及的国家秘密、商业秘密和个人隐私。

记录员应当如实制作听证笔录，并承担本条第（四）项所规定的义务。

第十一条 听证主持人有下列情形之一的，应当自行回避。环境保护行政许可申请人或者利害关系人有权以口头或者书面方式申请其回避：

（一）是被听证的行政许可的审查人员，或者是行政许可审查人员的近亲属；

（二）是被听证的行政许可的当事人，或者是被听证的行政许可当事人、代理人的近亲属；

（三）与行政许可结果有直接利害关系的；

（四）与被听证的行政许可当事人有其他关系，可能影响公正听证的。

前款规定，适用于环境鉴定、监测人员。

行政许可申请人或者利害关系人申请听证主持人回避的，应说明理由，由组织听证的环境保护行政主管部门负责人决定是否回避。在是否回避的决定作出之前，被申请回避的听证主持人应当暂停参与听证工作。

第十二条 环境保护行政许可申请人、利害关系人享有下列权利：

（一）要求或者放弃听证；

（二）依法申请听证主持人回避；

（三）可以亲自参加听证，也可以委托一至二人代理参加听证；

（四）就听证事项进行陈述、申辩和举证；

（五）对证据进行质证；

（六）听证结束前进行最后陈述；

（七）审阅并核对听证笔录；

（八）查阅案卷。

第十三条 环境保护行政许可申请人、利害关系人承担下列义务：

（一）按照组织听证的环境保护行政主管部门指定的时间、地点出席听证会；

（二）依法举证；

（三）如实回答听证主持人的询问；

（四）遵守听证纪律。

听证申请人无正当理由不出席听证会的，视同放弃听证权利。

听证申请人违反听证纪律，情节严重被听证主持人责令退场的，视同放弃听证权利。

环境鉴定人、监测人、证人、翻译人员等听证参加人,应当承担第(三)项和第(四)项义务。

第十五条 行政许可申请人、利害关系人或者其法定代理人,委托他人代理参加听证的,应当向组织听证的环境保护行政主管部门提交由委托人签名或者盖章的授权委托书。

授权委托书应当载明委托事项及权限。

第十五条 组织听证的环境保护行政主管部门可以通知了解被听证的行政许可事项的单位和个人出席听证会。

有关单位应当支持了解被听证的行政许可事项的单位和个人出席听证会。

证人确有困难不能出席听证会的,可以提交有本人签名或者盖章的书面证言。

第十六条 环境保护行政许可事项需要进行鉴定或者监测的,应当委托符合条件的鉴定或者监测机构。接受委托的机构有权了解有关材料,必要时可以询问行政许可申请人、利害关系人或者证人。

鉴定或者监测机构应当提交签名或者盖章的书面鉴定或者监测结论。

第四章 听证程序

第十七条 环境保护行政主管部门对本办法第五条第(一)项和第(二)项规定的环境保护行政许可事项,决定举行听证的,应在听证举行的10日前,通过报纸、网络或者布告等适当方式,向社会公告。

公告内容应当包括被听证的许可事项和听证会的时间、地点,以及参加听证会的方法。

第十八条 组织听证的环境保护行政主管部门可以根据场地等条件,确定参加听证会的人数。

第十九条 参加环境保护行政许可听证的公民、法人或者其他组织人数众多的,可以推举代表人参加听证。

第二十条 环境保护行政主管部门对本办法第五条第(三)项规定的环境保护行政许可事项,在作出行政许可决定之前,应当告知行政许可申请人、利害关系人享有要求听证的权利,并送达《环境保护行政许可听证告知书》。

《环境保护行政许可听证告知书》应当载明下列事项:

(一)行政许可申请人、利害关系人的姓名或者名称;

(二)被听证的行政许可事项;

(三)对被听证的行政许可的初步审查意见、证据和理由;

(四)告知行政许可申请人、利害关系人有申请听证的权利;

(五)告知申请听证的期限和听证的组织机关。

送达《环境保护行政许可听证告知书》可以采取直接送达、委托送达、邮寄送达等形式,并由行政许可申请人、利害关系人在送达回执上签字。

行政许可申请人、利害关系人人数众多或者其他必要情形时,可以通过报纸、网络或者布告等适当方式,将《环境保护行政许可听证告知书》向社会公告。

第二十一条 行政许可申请人、利害关系人要求听证的,应当在收到听证告知书之日起 5 日内以书面形式提出听证申请。

第二十二条 《环境保护行政许可听证申请书》包括以下内容:

(一)听证申请人的姓名、地址;

(二)申请听证的具体要求;

(三)申请听证的依据、理由;

（四）其他相关材料。

第二十三条　组织行政许可听证的环境保护行政主管部门收到听证申请书后，应当对申请材料进行审查。申请材料不齐备的，应当一次性告知听证申请人补正。

第二十四条　听证申请有下列情形之一的，组织听证的环境保护行政主管部门不予受理，并书面说明理由：

（一）听证申请人不是该环境保护行政许可的申请人、利害关系人的；

（二）听证申请未在收到《环境保护行政许可听证告知书》后5个工作日内提出的；

（三）其他不符合申请听证条件的。

第二十五条　组织听证的环境保护行政主管部门经过审核，对符合听证条件的听证申请，应当受理，并在20日内组织听证。

第二十六条　组织听证的环境保护行政主管部门应当在听证举行的7日前，将《环境保护行政许可听证通知书》分别送达行政许可申请人、利害关系人，并由其在送达回执上签字。

《环境保护行政许可听证通知书》应当载明下列事项：

（一）行政许可申请人、利害关系人的姓名或者名称；

（二）听证的事由与依据；

（三）听证举行的时间、地点和方式；

（四）听证主持人、行政许可审查人员的姓名、职务；

（五）告知行政许可申请人、利害关系人预先准备证据、通知证人等事项；

（六）告知行政许可申请人、利害关系人参加听证的权利和义务；

（七）其他注意事项。

申请人、利害关系人人数众多或者其他必要情形时,可以通过报纸、网络或者布告等适当方式,向社会公告。

第二十七条 环境保护行政许可申请人、利害关系人接到听证通知后,应当按时到场;无正当理由不到场的,或者未经听证主持人允许中途退场的,视为放弃听证权利,并记入听证笔录。

第二十八条 环境保护行政许可听证会按以下程序进行:

(一)听证主持人宣布听证会场纪律,告知听证申请人、利害关系人的权利和义务,询问并核实听证参加人的身份,宣布听证开始;

(二)记录员宣布听证所涉许可事项、听证主持人和听证员的姓名、工作单位和职务;

(三)行政许可审查人员提出初步审查意见、理由和证据;

(四)行政许可申请人、利害关系人就该行政许可事项进行陈述和申辩,提出有关证据,对行政许可审查人员提出的证据进行质证;

(五)行政许可审查人员和行政许可申请人、利害关系人进行辩论;

(六)行政许可申请人、利害关系人做最后陈述;

(七)主持人宣布听证结束。

在听证过程中,主持人可以向行政许可审查人员、行政许可申请人、利害关系人和证人发问,有关人员应当如实回答。

第二十九条 组织听证的环境保护行政主管部门,对听证会必须制作笔录。

听证笔录应当载明下列事项,并由听证员和记录员签名:

(一)听证所涉许可事项;

(二)听证主持人和记录员的姓名、职务;

（三）听证参加人的基本情况；

（四）听证的时间、地点；

（五）听证公开情况；

（六）行政许可审查人员提出的初步审查意见、理由和证据；

（七）行政许可申请人、利害关系人和其他听证参加人的主要观点、理由和依据；

（八）延期、中止或者终止的说明；

（九）听证主持人对听证活动中有关事项的处理情况；

（十）听证主持人认为应当笔录的其他事项。

听证结束后，听证笔录应交陈述意见的行政许可申请人、利害关系人审核无误后签字或者盖章。无正当理由拒绝签字或者盖章的，应当记入听证笔录。

第三十条　听证终结后，听证主持人应当及时将听证笔录报告本部门负责人。

环境保护行政主管部门应当根据听证笔录，作出环境保护行政许可决定，并应当在许可决定中附具对听证会反映的主要观点采纳或者不采纳的说明。

第三十一条　有下列情形之一的，可以延期举行听证：

（一）因不可抗力事由致使听证无法按期举行的；

（二）行政许可申请人、利害关系人临时申请听证主持人回避的；

（三）行政许可申请人、利害关系人申请延期，并有正当理由的；

（四）可以延期的其他情形。

延期听证的，组织听证的环境保护行政主管部门应当书面通知听证参加人。

第三十二条　有下列情形之一的，中止听证：

（一）听证主持人认为听证过程中提出的新的事实、理由、依据有待进一步调查核实或者鉴定的；

（二）申请听证的公民死亡、法人或者其他组织终止，尚未确定权利、义务承受人的；

（三）其他需要中止听证的情形。

中止听证的，组织听证的环境保护行政主管部门应当书面通知听证参加人。

第三十三条 延期、中止听证的情形消失后，由组织听证的环境保护行政主管部门决定是否恢复听证，并书面通知听证参加人。

第三十四条 有下列情形之一的，应当终止听证：

（一）行政许可申请人、利害关系人在告知后明确放弃听证权利的；

（二）听证申请人撤回听证要求的；

（三）听证申请人无正当理由不参加听证的；

（四）听证申请人在听证过程中声明退出的；

（五）听证申请人未经听证主持人允许中途退场的；

（六）听证申请人为法人或者其他组织的，该法人或者其他组织终止后，承受其权利的法人或者组织放弃听证权利的；

（七）听证申请人违反听证纪律，情节严重，被听证主持人责令退场的；

（八）需要终止听证的其他情形。

第五章 罚 则

第三十五条 环境保护行政主管部门及其工作人员违反《中华人民共和国行政许可法》的规定，有下列情形之一的，由有关机关依法责令改正；情节严重的，对直接负责的主管人员和其他直接责任人员依法给予行政处分：

（一）对法律、法规、规章规定应当组织听证的环境保护行政许可事项，不组织听证的；

（二）对符合法定条件的环境保护行政许可听证申请，不予受理的；

（三）在受理、审查、决定环境保护行政许可过程中，未向申请人、利害关系人履行法定告知义务的；

（四）未依法说明不受理环境保护行政许可听证申请或者不予听证的理由的。

第三十六条　环境保护行政主管部门的听证主持人、记录员，在听证时玩忽职守、滥用职权、徇私舞弊的，依法给予行政处分；构成犯罪的，依法追究刑事责任。

第六章　附　则

第三十七条　《环境保护行政许可听证公告》、《环境保护行政许可听证告知书》、《环境保护行政许可听证申请书》、《环境保护行政许可听证通知书》和《送达回执》的格式，由国家环境保护总局统一规范。

第三十八条　环境保护行政主管部门组织听证所需经费，应当根据《中华人民共和国行政许可法》第五十八条的规定，列入本行政机关的预算，由本级财政予以保障。

第三十九条　环境保护行政主管部门受权起草的环境保护法律、法规，或者依职权起草的环境保护规章，直接涉及公民、法人或者其他组织切身利益，有关机关、组织或者公民对草案有重大意见分歧的，环境保护行政主管部门可以采取听证会形式，听取社会意见。

环境立法听证会,除适用《规章制定程序条例》等法律法规规定的程序外,可以参照本办法关于听证组织和听证程序的规定执行。

第四十条 本办法自 2004 年 7 月 1 日起施行。

附件:1.《环境保护行政许可听证公告》格式(略)
2.《环境保护行政许可听证告知书》格式(略)
3.《环境保护行政许可听证申请书》格式(略)
4.《环境保护行政许可听证通知书》格式(略)
5.《送达回执》格式(略)

附 录

环境保护行政执法与
刑事司法衔接工作办法

关于印发《环境保护行政执法与
刑事司法衔接工作办法》的通知
环环监〔2017〕17号

各省、自治区、直辖市环境保护厅（局）、公安厅（局）、人民检察院，新疆生产建设兵团环境保护局、公安局、人民检察院：

　　为进一步健全环境保护行政执法与刑事司法衔接工作机制，依法惩治环境犯罪行为，切实保障公众健康，推进生态文明建设，环境保护部、公安部和最高人民检察院联合研究制定了《环境保护行政执法与刑事司法衔接工作办法》，现予以印发，请遵照执行。

环境保护部
公安部
最高人民检察院
2017年1月25日

第一章 总 则

第一条 为进一步健全环境保护行政执法与刑事司法衔接工作机制，依法惩治环境犯罪行为，切实保障公众健康，推进生态文明建设，依据《刑法》《刑事诉讼法》《环境保护法》《行政执法机关移送涉嫌犯罪案件的规定》（国务院令第310号）等法律、法规及有关规定，制定本办法。

第二条 本办法适用于各级环境保护主管部门（以下简称环保部门）、公安机关和人民检察院办理的涉嫌环境犯罪案件。

第三条 各级环保部门、公安机关和人民检察院应当加强协作，统一法律适用，不断完善线索通报、案件移送、资源共享和信息发布等工作机制。

第四条 人民检察院对环保部门移送涉嫌环境犯罪案件活动和公安机关对移送案件的立案活动，依法实施法律监督。

第二章 案件移送与法律监督

第五条 环保部门在查办环境违法案件过程中，发现涉嫌环境犯罪案件，应当核实情况并作出移送涉嫌环境犯罪案件的书面报告。本机关负责人应当自接到报告之日起3日内作出批准移送或者不批准移送的决定。向公安机关移送的涉嫌环境犯罪案件，应当符合下列条件：

（一）实施行政执法的主体与程序合法。

（二）有合法证据证明有涉嫌环境犯罪的事实发生。

第六条 环保部门移送涉嫌环境犯罪案件，应当自作出移送决定后24小时内向同级公安机关移交案件材料，并将案件移送书抄送同级人民检察院。

环保部门向公安机关移送涉嫌环境犯罪案件时，应当附下列材料：

（一）案件移送书，载明移送机关名称、涉嫌犯罪罪名及主要依据、案件主办人及联系方式等。案件移送书应当附移送材料清单，并加盖移送机关公章。

（二）案件调查报告，载明案件来源、查获情况、犯罪嫌疑人基本情况、涉嫌犯罪的事实、证据和法律依据、处理建议和法律依据等。

（三）现场检查（勘察）笔录、调查询问笔录、现场勘验图、采样记录单等。

（四）涉案物品清单，载明已查封、扣押等采取行政强制措施的涉案物品名称、数量、特征、存放地等事项，并附采取行政强制措施、现场笔录等表明涉案物品来源的相关材料。

（五）现场照片或者录音录像资料及清单，载明需证明的事实—5—对象、拍摄人、拍摄时间、拍摄地点等。

（六）监测、检验报告、突发环境事件调查报告、认定意见。

（七）其他有关涉嫌犯罪的材料。

对环境违法行为已经作出行政处罚决定的，还应当附行政处罚决定书。

第七条 对环保部门移送的涉嫌环境犯罪案件，公安机关应当依法接受，并立即出具接受案件回执或者在涉嫌环境犯罪案件移送书的回执上签字。

第八条 公安机关审查发现移送的涉嫌环境犯罪案件材料不全的，应当在接受案件的 24 小时内书面告知移送的环保部门在 3 日内补正。但不得以材料不全为由，不接受移送案件。

公安机关审查发现移送的涉嫌环境犯罪案件证据不充分的，可以就证明有犯罪事实的相关证据等提出补充调查意见，由移送案件的环保部门补充调查。环保部门应当按照要求补充调查，并及时将调查结果反馈公安机关。因客观条件所限，无法补正的，环保部门应当向公安机关作出书面说明。

第九条 公安机关对环保部门移送的涉嫌环境犯罪案件,应当自接受案件之日起 3 日内作出立案或者不予立案的决定;涉嫌环境犯罪线索需要查证的,应当自接受案件之日起 7 日内作出决定;重大疑难复杂案件,经县级以上公安机关负责人批准,可以自受案之日起 30 日内作出决定。接受案件后对属于公安机关管辖但不属于本公安机关管辖的案件,应当在 24 小时内移送有管辖权的公安机关,并书面通知移送案件的环保部门,抄送同级人民检察院。对不属于公安机关管辖的,应当在 24 小时内退回移送案件的环保部门。

公安机关作出立案、不予立案、撤销案件决定的,应当自作出决定之日起 3 日内书面通知环保部门,并抄送同级人民检察院。公安机关作出不予立案或者撤销案件决定的,应当书面说明理由,并将案卷材料退回环保部门。

第十条 环保部门应当自接到公安机关立案通知书之日起 3 日内将涉案物品以及与案件有关的其他材料移交公安机关,并办理交接手续。

涉及查封、扣押物品的,环保部门和公安机关应当密切配合,加强协作,防止涉案物品转移、隐匿、损毁、灭失等情况发生。对具有危险性或者环境危害性的涉案物品,环保部门应当组织临时处理处置,公安机关应当积极协助;对无明确责任人、责任人不具备履行责任能力或者超出部门处置能力的,应当呈报涉案物品所在地政府组织处置。上述处置费用清单随附处置合同、缴费凭证等作为犯罪获利的证据,及时补充移送公安机关。

第十一条 环保部门认为公安机关不予立案决定不当的,可以自接到不予立案通知书之日起 3 个工作日内向作出决定的公安机关申请复议,公安机关应当自收到复议申请之日起 3 个工作日内作出立案或者不予立案的复议决定,并书面通知环保部门。

第十二条 环保部门对公安机关逾期未作出是否立案决定、以及对不予立案决定、复议决定、立案后撤销案件决定有异议的,应当建议人民检察院进行立案监督。人民检察院应当受理并进行审查。

第十三条 环保部门建议人民检察院进行立案监督的案件,应当提供立案监督建议书、相关案件材料,并附公安机关不予立案、立案后撤销案件决定及说明理由材料,复议维持不予立案决定材料或者公安机关逾期未作出是否立案决定的材料。

第十四条 人民检察院发现环保部门不移送涉嫌环境犯罪案件的,可以派员查询、调阅有关案件材料,认为涉嫌环境犯罪应当移送的,应当提出建议移送的检察意见。环保部门应当自收到检察意见后3日内将案件移送公安机关,并将执行情况通知人民检察院。

第十五条 人民检察院发现公安机关可能存在应当立案而不立案或者逾期未作出是否立案决定的,应当启动立案监督程序。

第十六条 环保部门向公安机关移送涉嫌环境犯罪案件,已作出的警告、责令停产停业、暂扣或者吊销许可证的行政处罚决定,不停止执行。未作出行政处罚决定的,原则上应当在公安机关决定不予立案或者撤销案件、人民检察院作出不起诉决定、人民法院作出无罪判决或者免予刑事处罚后,再决定是否给予行政处罚。涉嫌犯罪案件的移送办理期间,不计入行政处罚期限。

对尚未作出生效裁判的案件,环保部门依法应当给予或者提请人民政府给予暂扣或者吊销许可证、责令停产停业等行政处罚,需要配合的,公安机关、人民检察院应当给予配合。

第十七条 公安机关对涉嫌环境犯罪案件,经审查没有犯罪事实,或者立案侦查后认为犯罪事实显著轻微、不需要追究刑事责任,但经审查依法应当予以行政处罚的,应当及时将案件移交环保部门,并抄送同级人民检察院。

第十八条 人民检察院对符合逮捕、起诉条件的环境犯罪嫌疑人,应当及时批准逮捕、提起公诉。人民检察院对决定不起诉的案件,应当自作出决定之日起3日内,书面告知移送案件的环保部门,认为应当给予行政处罚的,可以提出予以行政处罚的检察意见。

第十九条 人民检察院对公安机关提请批准逮捕的犯罪嫌疑人作出不批准逮捕决定,并通知公安机关补充侦查的,或者人民检察院对公安机关移送审查起诉的案件审查后,认为犯罪事实不清、证据不足,将案件退回补充侦查的,应当制作补充侦查提纲,写明补充侦查的方向和要求。

对退回补充侦查的案件,公安机关应当按照补充侦查提纲的要求,在一个月内补充侦查完毕。公安机关补充侦查和人民检察院自行侦查需要环保部门协助的,环保部门应当予以协助。

第三章 证据的收集与使用

第二十条 环保部门在行政执法和查办案件过程中依法收集制作的物证、书证、视听资料、电子数据、监测报告、检验报告、认定意见、鉴定意见、勘验笔录、检查笔录等证据材料,在刑事诉讼中可以作为证据使用。

第二十一条 环保部门、公安机关、人民检察院收集的证据材料,经法庭查证属实,且收集程序符合有关法律、行政法规规定的,可以作为定案的根据。

第二十二条 环保部门或者公安机关依据《国家危险废物名录》或者组织专家研判等得出认定意见的,应当载明涉案单位名称、案由、涉案物品识别认定的理由，按照"经认定，……属于\不属于……危险废物，废物代码……"的格式出具结论，加盖公章。

第四章 协作机制

第二十三条 环保部门、公安机关和人民检察院应当建立健全环境行政执法与刑事司法衔接的长效工作机制。确定牵头部门及联络人，定期召开联席会议，通报衔接工作情况，研究存在的问题，提出加强部门衔接的对策，协调解决环境执法问题，开展部门联合培训。联席会议应明确议定事项。

第二十四条 环保部门、公安机关、人民检察院应当建立双向案件咨询制度。环保部门对重大疑难复杂案件，可以就刑事案件立案追诉标准、证据的固定和保全等问题咨询公安机关、人民检察院；公安机关、人民检察院可以就案件办理中的专业性问题咨询环保部门。受咨询的机关应当认真研究，及时答复；书面咨询的，应当在7日内书面答复。

第二十五条 公安机关、人民检察院办理涉嫌环境污染犯罪案件，需要环保部门提供环境监测或者技术支持的，环保部门应当按照上述部门刑事案件办理的法定时限要求积极协助，及时提供现场勘验、环境监测及认定意见。所需经费，应当列入本机关的行政经费预算，由同级财政予以保障。

第二十六条 环保部门在执法检查时，发现违法行为明显涉嫌犯罪的，应当及时向公安机关通报。公安机关认为有必要的可以依法开展初查，对符合立案条件的，应当及时依法立案侦查。在公安机关立案侦查前，环保部门应当继续对违法行为进行调查。

第二十七条 环保部门、公安机关应当相互依托"12369"环保举报热线和"110"报警服务平台，建立完善接处警的快速响应和联合调查机制，强化对打击涉嫌环境犯罪的联勤联动。在办案过程中，环保部门、公安机关应当依法及时启动相应的调查程序，分工协作，防止证据灭失。

第二十八条　在联合调查中，环保部门应当重点查明排污者严重污染环境的事实，污染物的排放方式，及时收集、提取、监测、固定污染物种类、浓度、数量、排放去向等。公安机关应当注意控制现场，重点查明相关责任人身份、岗位信息，视情节轻重对直接负责的主管人员和其他责任人员依法采取相应强制措施。两部门均应规范制作笔录，并留存现场摄像或照片。

第二十九条　对案情重大或者复杂疑难案件，公安机关可以听取人民检察院的意见。人民检察院应当及时提出意见和建议。

第三十条　涉及移送的案件在庭审中，需要出庭说明情况的，相关执法或者技术人员有义务出庭说明情况，接受庭审质证。

第三十一条　环保部门、公安机关和人民检察院应当加强对重大案件的联合督办工作，适时对重大案件进行联合挂牌督办，督促案件办理。同时，要逐步建立专家库，吸纳污染防治、重点行业以及环境案件侦办等方面的专家和技术骨干，为查处打击环境污染犯罪案件提供专业支持。

第三十二条　环保部门和公安机关在查办环境污染违法犯罪案件过程中发现包庇纵容、徇私舞弊、贪污受贿、失职渎职等涉嫌职务犯罪行为的，应当及时将线索移送人民检察院。

第五章　信息共享

第三十三条　各级环保部门、公安机关、人民检察院应当积极建设、规范使用行政执法与刑事司法衔接信息共享平台，逐步实现涉嫌环境犯罪案件的网上移送、网上受理和网上监督。

第三十四条 已经接入信息共享平台的环保部门、公安机关、人民检察院,应当自作出相关决定之日起7日内分别录入下列信息:

(一)适用一般程序的环境违法事实、案件行政处罚、案件移送、提请复议和建议人民检察院进行立案监督的信息;

(二)移送涉嫌犯罪案件的立案、不予立案、立案后撤销案件、复议、人民检察院监督立案后的处理情况,以及提请批准逮捕、移送审查起诉的信息;

(三)监督移送、监督立案以及批准逮捕、提起公诉、裁判结果的信息。尚未建成信息共享平台的环保部门、公安机关、人民检察院,应当自作出相关决定后及时向其他部门通报前款规定的信息。

第三十五条 各级环保部门、公安机关、人民检察院应当对信息共享平台录入的案件信息及时汇总、分析、综合研判,定期总结通报平台运行情况。

第六章 附 则

第三十六条 各省、自治区、直辖市的环保部门、公安机关、人民检察院可以根据本办法制定本行政区域的实施细则。

第三十七条 环境行政执法中部分专有名词的含义。

(一)"现场勘验图",是指描绘主要生产及排污设备布置等案发现场情况、现场周边环境、各采样点位、污染物排放途径的平面示意图。

(二)"外环境",是指污染物排入的自然环境。满足下列条件之一的,视同为外环境。

1. 排污单位停产或没有排污,但有依法取得的证据证明其有持续或间歇排污,而且无可处理相应污染因子的措施的,经

— 119 —

核实生产工艺后,其产污环节之后的废水收集池(槽、罐、沟)内。

2. 发现暗管,虽无当场排污,但在外环境有确认由该单位排放污染物的痕迹,此暗管连通的废水收集池(槽、罐、沟)内。

3. 排污单位连通外环境的雨水沟(井、渠)中任何一处。

4. 对排放含第一类污染物的废水,其产生车间或车间处理设施的排放口。无法在车间或者车间处理设施排放口对含第一类污染物的废水采样的,废水总排放口或查实由该企业排入其他外环境处。

第三十八条 本办法所涉期间除明确为工作日以外,其余均以自然日计算。期间开始之日不算在期间以内。期间的最后一日为节假日的,以节假日后的第一日为期满日期。

第三十九条 本办法自发布之日起施行。原国家环保总局、公安部和最高人民检察院《关于环境保护主管部门移送涉嫌环境犯罪案件的若干规定》(环发〔2007〕78号)同时废止。

国家突发环境事件应急预案

国务院办公厅关于印发国家突发环境事件
应急预案的通知
国办函〔2014〕119号

各省、自治区、直辖市人民政府,国务院各部委、各直属机构:

经国务院同意,现将修订后的《国家突发环境事件应急预案》印发给你们,请认真组织实施。2005年5月24日经国务院批准、由国务院办公厅印发的《国家突发环境事件应急预案》同时废止。

国务院办公厅
2014年12月29日

第一章 总 则

1.1 编制目的

健全突发环境事件应对工作机制,科学有序高效应对突发环境事件，保障人民群众生命财产安全和环境安全，促进社会全面、协调、可持续发展。

1.2 编制依据

依据《中华人民共和国环境保护法》、《中华人民共和国突发事件应对法》、《中华人民共和国放射性污染防治法》、《国家突发公共事件总体应急预案》及相关法律法规等，制定本预案。

1.3 适用范围

本预案适用于我国境内突发环境事件应对工作。

突发环境事件是指由于污染物排放或自然灾害、生产安全事故等因素，导致污染物或放射性物质等有毒有害物质进入大气、水体、土壤等环境介质，突然造成或可能造成环境质量下降，危及公众身体健康和财产安全，或造成生态环境破坏，或造成重大社会影响，需要采取紧急措施予以应对的事件，主要包括大气污染、水体污染、土壤污染等突发性环境污染事件和辐射污染事件。

核设施及有关核活动发生的核事故所造成的辐射污染事件、海上溢油事件、船舶污染事件的应对工作按照其他相关应急预案规定执行。重污染天气应对工作按照国务院《大气污染防治行动计划》等有关规定执行。

1.4 工作原则

突发环境事件应对工作坚持统一领导、分级负责、属地为主、协调联动、快速反应、科学处置、资源共享、保障有力的原则。突发环境事件发生后，地方人民政府和有关部门立即自动按照职责分工和相关预案开展应急处置工作。

1.5 事件分级

按照事件严重程度，突发环境事件分为特别重大、重大、较大和一般四级。

第二章 组织指挥体系

2.1 国家层面组织指挥机构

环境保护部负责重特大突发环境事件应对的指导协调和环境应急的日常监督管理工作。根据突发环境事件的发展态势及影响,环境保护部或省级人民政府可报请国务院批准,或根据国务院领导同志指示,成立国务院工作组,负责指导、协调、督促有关地区和部门开展突发环境事件应对工作。必要时,成立国家环境应急指挥部,由国务院领导同志担任总指挥,统一领导、组织和指挥应急处置工作;国务院办公厅履行信息汇总和综合协调职责,发挥运转枢纽作用。

2.2 地方层面组织指挥机构

县级以上地方人民政府负责本行政区域内的突发环境事件应对工作,明确相应组织指挥机构。跨行政区域的突发环境事件应对工作,由各有关行政区域人民政府共同负责,或由有关行政区域共同的上一级地方人民政府负责。对需要国家层面协调处置的跨省级行政区域突发环境事件,由有关省级人民政府向国务院提出请求,或由有关省级环境保护主管部门向环境保护部提出请求。

地方有关部门按照职责分工,密切配合,共同做好突发环境事件应对工作。

2.3 现场指挥机构

负责突发环境事件应急处置的人民政府根据需要成立现场指挥部,负责现场组织指挥工作。参与现场处置的有关单位和人员要服从现场指挥部的统一指挥。

第三章 监测预警和信息报告

3.1 监测和风险分析

各级环境保护主管部门及其他有关部门要加强日常环境监测，并对可能导致突发环境事件的风险信息加强收集、分析和研判。安全监管、交通运输、公安、住房城乡建设、水利、农业、卫生计生、气象等有关部门按照职责分工，应当及时将可能导致突发环境事件的信息通报同级环境保护主管部门。

企业事业单位和其他生产经营者应当落实环境安全主体责任，定期排查环境安全隐患，开展环境风险评估，健全风险防控措施。当出现可能导致突发环境事件的情况时，要立即报告当地环境保护主管部门。

3.2 预警

3.2.1 预警分级

对可以预警的突发环境事件，按照事件发生的可能性大小、紧急程度和可能造成的危害程度，将预警分为四级，由低到高依次用蓝色、黄色、橙色和红色表示。

预警级别的具体划分标准，由环境保护部制定。

3.2.2 预警信息发布

地方环境保护主管部门研判可能发生突发环境事件时，应当及时向本级人民政府提出预警信息发布建议，同时通报同级相关部门和单位。地方人民政府或其授权的相关部门，及时通过电视、广播、报纸、互联网、手机短信、当面告知等渠道或方式向本行政区域公众发布预警信息，并通报可能影响到的相关地区。

上级环境保护主管部门要将监测到的可能导致突发环境事件的有关信息,及时通报可能受影响地区的下一级环境保护主管部门。

3.2.3 预警行动

预警信息发布后,当地人民政府及其有关部门视情采取以下措施:

(1) 分析研判。组织有关部门和机构、专业技术人员及专家,及时对预警信息进行分析研判,预估可能的影响范围和危害程度。

(2) 防范处置。迅速采取有效处置措施,控制事件苗头。在涉险区域设置注意事项提示或事件危害警告标志,利用各种渠道增加宣传频次,告知公众避险和减轻危害的常识、需采取的必要的健康防护措施。

(3) 应急准备。提前疏散、转移可能受到危害的人员,并进行妥善安置。责令应急救援队伍、负有特定职责的人员进入待命状态,动员后备人员做好参加应急救援和处置工作的准备,并调集应急所需物资和设备,做好应急保障工作。对可能导致突发环境事件发生的相关企业事业单位和其他生产经营者加强环境监管。

(4) 舆论引导。及时准确发布事态最新情况,公布咨询电话,组织专家解读。加强相关舆情监测,做好舆论引导工作。

3.2.4 预警级别调整和解除

发布突发环境事件预警信息的地方人民政府或有关部门,应当根据事态发展情况和采取措施的效果适时调整预警级别;当判断不可能发生突发环境事件或者危险已经消除时,宣布解除预警,适时终止相关措施。

3.3 信息报告与通报

突发环境事件发生后,涉事企业事业单位或其他生产经营者必须采取应对措施,并立即向当地环境保护主管部门和相关部门报告,同时通报可能受到污染危害的单位和居民。因生产安全事故导致突发环境事件的,安全监管等有关部门应当及时通报同级环境保护主管部门。环境保护主管部门通过互联网信息监测、环境污染举报热线等多种渠道,加强对突发环境事件的信息收集,及时掌握突发环境事件发生情况。

事发地环境保护主管部门接到突发环境事件信息报告或监测到相关信息后,应当立即进行核实,对突发环境事件的性质和类别作出初步认定,按照国家规定的时限、程序和要求向上级环境保护主管部门和同级人民政府报告,并通报同级其他相关部门。突发环境事件已经或者可能涉及相邻行政区域的,事发地人民政府或环境保护主管部门应当及时通报相邻行政区域同级人民政府或环境保护主管部门。地方各级人民政府及其环境保护主管部门应当按照有关规定逐级上报,必要时可越级上报。

接到已经发生或者可能发生跨省级行政区域突发环境事件信息时,环境保护部要及时通报相关省级环境保护主管部门。

对以下突发环境事件信息,省级人民政府和环境保护部应当立即向国务院报告:

(1) 初判为特别重大或重大突发环境事件;

(2) 可能或已引发大规模群体性事件的突发环境事件;

(3) 可能造成国际影响的境内突发环境事件;

(4) 境外因素导致或可能导致我境内突发环境事件;

(5) 省级人民政府和环境保护部认为有必要报告的其他突发环境事件。

第四章 应急响应

4.1 响应分级

根据突发环境事件的严重程度和发展态势,将应急响应设定为Ⅰ级、Ⅱ级、Ⅲ级和Ⅳ级四个等级。初判发生特别重大、重大突发环境事件,分别启动Ⅰ级、Ⅱ级应急响应,由事发地省级人民政府负责应对工作;初判发生较大突发环境事件,启动Ⅲ级应急响应,由事发地设区的市级人民政府负责应对工作;初判发生一般突发环境事件,启动Ⅳ级应急响应,由事发地县级人民政府负责应对工作。

突发环境事件发生在易造成重大影响的地区或重要时段时,可适当提高响应级别。应急响应启动后,可视事件损失情况及其发展趋势调整响应级别,避免响应不足或响应过度。

4.2 响应措施

突发环境事件发生后,各有关地方、部门和单位根据工作需要,组织采取以下措施。

4.2.1 现场污染处置

涉事企业事业单位或其他生产经营者要立即采取关闭、停产、封堵、围挡、喷淋、转移等措施,切断和控制污染源,防止污染蔓延扩散。做好有毒有害物质和消防废水、废液等的收集、清理和安全处置工作。当涉事企业事业单位或其他生产经营者不明时,由当地环境保护主管部门组织对污染来源开展调查,查明涉事单位,确定污染物种类和污染范围,切断污染源。

事发地人民政府应组织制订综合治污方案,采用监测和模拟等手段追踪污染气体扩散途径和范围;采取拦截、导流、疏浚等形式防止水体污染扩大;采取隔离、吸附、打捞、氧化还原、中和、沉淀、消毒、去污洗消、临时收贮、微生物消解、调水稀释、转移异地处置、临时改造污染处置工艺或临时建设污染处置工程等方法处置污染物。必要时，要求其他排污单位停产、限产、限排，减轻环境污染负荷。

4.2.2 转移安置人员

根据突发环境事件影响及事发当地的气象、地理环境、人员密集度等，建立现场警戒区、交通管制区域和重点防护区域，确定受威胁人员疏散的方式和途径，有组织、有秩序地及时疏散转移受威胁人员和可能受影响地区居民，确保生命安全。妥善做好转移人员安置工作，确保有饭吃、有水喝、有衣穿、有住处和必要医疗条件。

4.2.3 医学救援

迅速组织当地医疗资源和力量，对伤病员进行诊断治疗，根据需要及时、安全地将重症伤病员转运到有条件的医疗机构加强救治。指导和协助开展受污染人员的去污洗消工作，提出保护公众健康的措施建议。视情增派医疗卫生专家和卫生应急队伍、调配急需医药物资，支持事发地医学救援工作。做好受影响人员的心理援助。

4.2.4 应急监测

加强大气、水体、土壤等应急监测工作，根据突发环境事件的污染物种类、性质以及当地自然、社会环境状况等，明确相应的应急监测方案及监测方法，确定监测的布点和频次，调配应急监测设备、车辆，及时准确监测，为突发环境事件应急决策提供依据。

4.2.5 市场监管和调控

密切关注受事件影响地区市场供应情况及公众反应，加强对重要生活必需品等商品的市场监管和调控。禁止或限制受污染食品和饮用水的生产、加工、流通和食用，防范因突发环境事件造成的集体中毒等。

4.2.6　信息发布和舆论引导

通过政府授权发布、发新闻稿、接受记者采访、举行新闻发布会、组织专家解读等方式，借助电视、广播、报纸、互联网等多种途径，主动、及时、准确、客观向社会发布突发环境事件和应对工作信息，回应社会关切，澄清不实信息，正确引导社会舆论。信息发布内容包括事件原因、污染程度、影响范围、应对措施、需要公众配合采取的措施、公众防范常识和事件调查处理进展情况等。

4.2.7　维护社会稳定

加强受影响地区社会治安管理，严厉打击借机传播谣言制造社会恐慌、哄抢救灾物资等违法犯罪行为；加强转移人员安置点、救灾物资存放点等重点地区治安管控；做好受影响人员与涉事单位、地方人民政府及有关部门矛盾纠纷化解和法律服务工作，防止出现群体性事件，维护社会稳定。

4.2.8　国际通报和援助

如需向国际社会通报或请求国际援助时，环境保护部商外交部、商务部提出需要通报或请求援助的国家（地区）和国际组织、事项内容、时机等，按照有关规定由指定机构向国际社会发出通报或呼吁信息。

4.3　国家层面应对工作

4.3.1　部门工作组应对

初判发生重大以上突发环境事件或事件情况特殊时，环境保护部立即派出工作组赴现场指导督促当地开展应急处置、应急监测、原因调查等工作，并根据需要协调有关方面提供队伍、物资、技术等支持。

4.3.2　国务院工作组应对

当需要国务院协调处置时，成立国务院工作组。主要开展以下工作：

(1) 了解事件情况、影响、应急处置进展及当地需求等；

(2) 指导地方制订应急处置方案；

(3) 根据地方请求，组织协调相关应急队伍、物资、装备等，为应急处置提供支援和技术支持；

(4) 对跨省级行政区域突发环境事件应对工作进行协调；

(5) 指导开展事件原因调查及损害评估工作。

4.3.3 国家环境应急指挥部应对

根据事件应对工作需要和国务院决策部署，成立国家环境应急指挥部。主要开展以下工作：

(1) 组织指挥部成员单位、专家组进行会商，研究分析事态，部署应急处置工作；

(2) 根据需要赴事发现场或派出前方工作组赴事发现场协调开展应对工作；

(3) 研究决定地方人民政府和有关部门提出的请求事项；

(4) 统一组织信息发布和舆论引导；

(5) 视情向国际通报，必要时与相关国家和地区、国际组织领导人通电话；

(6) 组织开展事件调查。

4.4 响应终止

当事件条件已经排除、污染物质已降至规定限值以内、所造成的危害基本消除时，由启动响应的人民政府终止应急响应。

第五章 后期工作

5.1 损害评估

突发环境事件应急响应终止后，要及时组织开展污染损害评估，并将评估结果向社会公布。评估结论作为事件调查处理、损害赔偿、环境修复和生态恢复重建的依据。

突发环境事件损害评估办法由环境保护部制定。

5.2 事件调查

突发环境事件发生后,根据有关规定,由环境保护主管部门牵头,可会同监察机关及相关部门,组织开展事件调查,查明事件原因和性质,提出整改防范措施和处理建议。

5.3 善后处置

事发地人民政府要及时组织制订补助、补偿、抚慰、抚恤、安置和环境恢复等善后工作方案并组织实施。保险机构要及时开展相关理赔工作。

第六章 应急保障

6.1 队伍保障

国家环境应急监测队伍、公安消防部队、大型国有骨干企业应急救援队伍及其他相关方面应急救援队伍等力量,要积极参加突发环境事件应急监测、应急处置与救援、调查处理等工作任务。发挥国家环境应急专家组作用,为重特大突发环境事件应急处置方案制订、污染损害评估和调查处理工作提供决策建议。县级以上地方人民政府要强化环境应急救援队伍能力建设,加强环境应急专家队伍管理,提高突发环境事件快速响应及应急处置能力。

6.2 物资与资金保障

国务院有关部门按照职责分工,组织做好环境应急救援物资紧急生产、储备调拨和紧急配送工作,保障支援突发环境事件应急处置和环境恢复治理工作的需要。县级以上地方人民政府及其有关部门要加强应急物资储备,鼓励支持社会化应急物资储备,保障应急物资、生活必需品的生产和供给。环境保护主管部门要加强对当地环境应急物资储备信息的动态管理。

突发环境事件应急处置所需经费首先由事件责任单位承担。县级以上地方人民政府对突发环境事件应急处置工作提供资金保障。

6.3 通信、交通与运输保障

地方各级人民政府及其通信主管部门要建立健全突发环境事件应急通信保障体系，确保应急期间通信联络和信息传递需要。交通运输部门要健全公路、铁路、航空、水运紧急运输保障体系，保障应急响应所需人员、物资、装备、器材等的运输。公安部门要加强应急交通管理，保障运送伤病员、应急救援人员、物资、装备、器材车辆的优先通行。

6.4 技术保障

支持突发环境事件应急处置和监测先进技术、装备的研发。依托环境应急指挥技术平台，实现信息综合集成、分析处理、污染损害评估的智能化和数字化。

第七章 附 则

7.1 预案管理

预案实施后，环境保护部要会同有关部门组织预案宣传、培训和演练，并根据实际情况，适时组织评估和修订。地方各级人民政府要结合当地实际制定或修订突发环境事件应急预案。

7.2 预案解释

本预案由环境保护部负责解释。

7.3 预案实施时间

本预案自印发之日起实施。

附 录

突发环境事件分级标准

一、特别重大突发环境事件

凡符合下列情形之一的,为特别重大突发环境事件:

（一）因环境污染直接导致 30 人以上死亡或 100 人以上中毒或重伤的;

（二）因环境污染疏散、转移人员 5 万人以上的;

（三）因环境污染造成直接经济损失 1 亿元以上的;

（四）因环境污染造成区域生态功能丧失或该区域国家重点保护物种灭绝的;

（五）因环境污染造成设区的市级以上城市集中式饮用水水源地取水中断的;

（六）Ⅰ、Ⅱ类放射源丢失、被盗、失控并造成大范围严重辐射污染后果的;放射性同位素和射线装置失控导致 3 人以上急性死亡的;放射性物质泄漏,造成大范围辐射污染后果的;

（七）造成重大跨国境影响的境内突发环境事件。

二、重大突发环境事件

凡符合下列情形之一的,为重大突发环境事件:

（一）因环境污染直接导致 10 人以上 30 人以下死亡或 50 人以上 100 人以下中毒或重伤的;

（二）因环境污染疏散、转移人员 1 万人以上 5 万人以下的;

（三）因环境污染造成直接经济损失2000万元以上1亿元以下的；

（四）因环境污染造成区域生态功能部分丧失或该区域国家重点保护野生动植物种群大批死亡的；

（五）因环境污染造成县级城市集中式饮用水水源地取水中断的；

（六）Ⅰ、Ⅱ类放射源丢失、被盗的；放射性同位素和射线装置失控导致3人以下急性死亡或者10人以上急性重度放射病、局部器官残疾的；放射性物质泄漏，造成较大范围辐射污染后果的；

（七）造成跨省级行政区域影响的突发环境事件。

三、较大突发环境事件

凡符合下列情形之一的，为较大突发环境事件：

（一）因环境污染直接导致3人以上10人以下死亡或10人以上50人以下中毒或重伤的；

（二）因环境污染疏散、转移人员5000人以上1万人以下的；

（三）因环境污染造成直接经济损失500万元以上2000万元以下的；

（四）因环境污染造成国家重点保护的动植物物种受到破坏的；

（五）因环境污染造成乡镇集中式饮用水水源地取水中断的；

（六）Ⅲ类放射源丢失、被盗的；放射性同位素和射线装置失控导致10人以下急性重度放射病、局部器官残疾的；放射性物质泄漏，造成小范围辐射污染后果的；

（七）造成跨设区的市级行政区域影响的突发环境事件。

四、一般突发环境事件

凡符合下列情形之一的，为一般突发环境事件：

（一）因环境污染直接导致3人以下死亡或10人以下中毒或重伤的；

（二）因环境污染疏散、转移人员 5000 人以下的；

（三）因环境污染造成直接经济损失 500 万元以下的；

（四）因环境污染造成跨县级行政区域纠纷，引起一般性群体影响的；

（五）Ⅳ、Ⅴ类放射源丢失、被盗的；放射性同位素和射线装置失控导致人员受到超过年剂量限值的照射的；放射性物质泄漏，造成厂区内或设施内局部辐射污染后果的；铀矿冶、伴生矿超标排放，造成环境辐射污染后果的；

（六）对环境造成一定影响，尚未达到较大突发环境事件级别的。

上述分级标准有关数量的表述中，"以上"含本数，"以下"不含本数。

国家环境应急指挥部组成及工作组职责

国家环境应急指挥部主要由环境保护部、中央宣传部（国务院新闻办）、中央网信办、外交部、发展改革委、工业和信息化部、公安部、民政部、财政部、住房城乡建设部、交通运输部、水利部、农业部、商务部、卫生计生委、新闻出版广电总局、安全监管总局、食品药品监管总局、林业局、气象局、海洋局、测绘地信局、铁路局、民航局、总参作战部、总后基建营房部、武警总部、中国铁路总公司等部门和单位组成，根据应对工作需要，增加有关地方人民政府和其他有关部门。

国家环境应急指挥部设立相应工作组，各工作组组成及职责分工如下：

一、污染处置组。由环境保护部牵头，公安部、交通运输部、水利部、农业部、安全监管总局、林业局、海洋局、总参作战部、武警总部等参加。

主要职责：收集汇总相关数据，组织进行技术研判，开展事态分析；迅速组织切断污染源，分析污染途径，明确防止污染物扩散的程序；组织采取有效措施，消除或减轻已经造成的污染；明确不同情况下的现场处置人员须采取的个人防护措施；组织建立现场警戒区和交通管制区域，确定重点防护区域，确定受威胁人员疏散的方式和途径，疏散转移受威胁人员至安全紧急避险场所；协调军队、武警有关力量参与应急处置。

二、应急监测组。由环境保护部牵头，住房城乡建设部、水利部、农业部、气象局、海洋局、总参作战部、总后基建营房部等参加。

主要职责：根据突发环境事件的污染物种类、性质以及当地气象、自然、社会环境状况等，明确相应的应急监测方案及监测方法；确定污染物扩散范围，明确监测的布点和频次，做好大气、水体、土壤等应急监测，为突发环境事件应急决策提供依据；协调军队力量参与应急监测。

三、医学救援组。由卫生计生委牵头，环境保护部、食品药品监管总局等参加。

主要职责：组织开展伤病员医疗救治、应急心理援助；指导和协助开展受污染人员的去污洗消工作；提出保护公众健康的措施建议；禁止或限制受污染食品和饮用水的生产、加工、流通和食用，防范因突发环境事件造成集体中毒等。

四、应急保障组。由发展改革委牵头，工业和信息化部、公安部、民政部、财政部、环境保护部、住房城乡建设部、交通运输部、水利部、商务部、测绘地信局、铁路局、民航局、中国铁路总公司等参加。

主要职责：指导做好事件影响区域有关人员的紧急转移和临时安置工作；组织做好环境应急救援物资及临时安置重要物资的紧急生产、储备调拨和紧急配送工作；及时组织调运重要生活必需品，保障群众基本生活和市场供应；开展应急测绘。

五、新闻宣传组。由中央宣传部（国务院新闻办）牵头，中央网信办、工业和信息化部、环境保护部、新闻出版广电总局等参加。

主要职责：组织开展事件进展、应急工作情况等权威信息发布，加强新闻宣传报道；收集分析国内外舆情和社会公众动态，加强媒体、电信和互联网管理，正确引导舆论；通过多种方式，通俗、权威、全面、前瞻地做好相关知识普及；及时澄清不实信息，回应社会关切。

六、社会稳定组。由公安部牵头，中央网信办、工业和信息化部、环境保护部、商务部等参加。

主要职责：加强受影响地区社会治安管理，严厉打击借机传播谣言制造社会恐慌、哄抢物资等违法犯罪行为；加强转移人员安置点、救灾物资存放点等重点地区治安管控；做好受影响人员与涉事单位、地方人民政府及有关部门矛盾纠纷化解和法律服务工作，防止出现群体性事件，维护社会稳定；加强对重要生活必需品等商品的市场监管和调控，打击囤积居奇行为。

七、涉外事务组。由外交部牵头，环境保护部、商务部、海洋局等参加。

主要职责：根据需要向有关国家和地区、国际组织通报突发环境事件信息，协调处理对外交涉、污染检测、危害防控、索赔等事宜，必要时申请、接受国际援助。

工作组设置、组成和职责可根据工作需要作适当调整。

全国普法学习读本
★★★★★

>>>>>环境保护综合法律法规学习读本<<<<<
环境保护专项法律法规

加大全民普法力度,建设社会主义法治文化,树立宪法法律至上、法律面前人人平等的法治理念。
——中国共产党第十九次全国代表大会《决胜全面建成小康社会 夺取新时代中国特色社会主义伟大胜利》

王金锋 主编

汕头大学出版社

图书在版编目（CIP）数据

环境保护专项法律法规 / 王金锋主编. -- 汕头：汕头大学出版社，2023.4（重印）

（环境保护综合法律法规学习读本）

ISBN 978-7-5658-2956-7

Ⅰ.①环… Ⅱ.①王… Ⅲ.①环境保护法-基本知识-中国 Ⅳ.①D922.684

中国版本图书馆 CIP 数据核字（2018）第 035685 号

环境保护专项法律法规　HUANJING BAOHU ZHUANXIANG FALÜ FAGUI

主　　编：	王金锋
责任编辑：	邹　峰
责任技编：	黄东生
封面设计：	大华文苑
出版发行：	汕头大学出版社
	广东省汕头市大学路 243 号汕头大学校园内　邮政编码：515063
电　　话：	0754-82904613
印　　刷：	三河市元兴印务有限公司
开　　本：	690mm×960mm 1/16
印　　张：	18
字　　数：	226 千字
版　　次：	2018 年 5 月第 1 版
印　　次：	2023 年 4 月第 2 次印刷
定　　价：	59.60 元（全 2 册）

ISBN 978-7-5658-2956-7

版权所有，翻版必究

如发现印装质量问题，请与承印厂联系退换

前　言

习近平总书记指出："推进全民守法，必须着力增强全民法治观念。要坚持把全民普法和守法作为依法治国的长期基础性工作，采取有力措施加强法制宣传教育。要坚持法治教育从娃娃抓起，把法治教育纳入国民教育体系和精神文明创建内容，由易到难、循序渐进不断增强青少年的规则意识。要健全公民和组织守法信用记录，完善守法诚信褒奖机制和违法失信行为惩戒机制，形成守法光荣、违法可耻的社会氛围，使遵法守法成为全体人民共同追求和自觉行动。"

中共中央、国务院曾经转发了中央宣传部、司法部关于在公民中开展法治宣传教育的规划，并发出通知，要求各地区各部门结合实际认真贯彻执行。通知指出，全民普法和守法是依法治国的长期基础性工作。深入开展法治宣传教育，是全面建成小康社会和新农村的重要保障。

普法规划指出：各地区各部门要根据实际需要，从不同群体的特点出发，因地制宜开展有特色的法治宣传教育坚持集中法治宣传教育与经常性法治宣传教育相结合，深化法律进机关、进乡村、进社区、进学校、进企业、进单位的"法律六进"主题活动，完善工作标准，建立长效机制。

特别是农业、农村和农民问题，始终是关系党和人民事业发展的全局性和根本性问题。党中央、国务院发布的《关于推进社会主义新农村建设的若干意见》中明确提出要"加强农村法制建设，深入开展农村普法教育，增强农民的法制观念，提高农民依法行使权利和履行义务的自觉性。"多年普法实践证明，普及法律知识，提高法制观念，增强全社会依法办事意识具有重要作用。特别是在广大农村进行普法教育，是提高全民法律素质的需要。

多年来，我国在农村实行的改革开放取得了极大成功，农村发生了翻天覆地的变化，广大农民生活水平大大得到了提高。但是，由于历史和社会等原因，现阶段我国一些地区农民文化素质还不高，不学法、不懂法、不守法现象虽然较原来有所改变，但仍有相当一部分群众的法制观念仍很淡化，不懂、不愿借助法律来保护自身权益，这就极易受到不法的侵害，或极易进行违法犯罪活动，严重阻碍了全面建成小康社会和新农村步伐。

为此，根据党和政府的指示精神以及普法规划，特别是根据广大农村农民的现状，在有关部门和专家的指导下，特别编辑了这套《全国普法学习读本》。主要包括了广大人民群众应知应懂、实际实用的法律法规。为了辅导学习，附录还收入了相应法律法规的条例准则、实施细则、解读解答、案例分析等；同时为了突出法律法规的实际实用特点，兼顾地方性和特殊性，附录还收入了部分某些地方性法律法规以及非法律法规的政策文件、管理制度、应用表格等内容，拓展了本书的知识范围，使法律法规更"接地气"，便于读者学习掌握和实际应用。

在众多法律法规中，我们通过甄别，淘汰了废止的，精选了最新的、权威的和全面的。但有部分法律法规有些条款不适应当下情况了，却没有颁布新的，我们又不能擅自改动，只得保留原有条款，但附录却有相应的补充修改意见或通知等。众多法律法规根据不同内容和受众特点，经过归类组合，优化配套。整套普法读本非常全面系统，具有很强的学习性、实用性和指导性，非常适合用于广大农村和城乡普法学习教育与实践指导。总之，是全国全民普法的良好读本。

目 录

环境保护专项政策

关于加强国家重点生态功能区环境保护和管理的意见 ……… (1)
关于进一步加强环境保护信息公开工作的通知 …………… (8)
关于进一步加强环境保护科学技术普及工作的意见………… (13)
工业和信息化部关于加快推进环保装备制造业发展的
　　指导意见……………………………………………… (21)
关于加强二手车环保达标监管工作的通知……………… (28)
最高人民法院、民政部、环境保护部关于贯彻实施环境
　　民事公益诉讼制度的通知………………………… (30)
关于深化落实水电开发生态环境保护措施的通知……… (33)
关于加强化工园区环境保护工作的意见………………… (42)
关于发布《铅蓄电池再生及生产污染防治技术政策》和
　　《废电池污染防治技术政策》的公告 ………………… (49)

关于环保的最新名录、目录

国家危险废物名录…………………………………………… (58)
高污染燃料目录……………………………………………… (115)
关于公布现行有效的国家环保部门规章目录的公告……… (118)

环保用微生物菌剂进出口环境安全管理办法

第一章　总　则……………………………………… (129)

— 1 —

第二章　样品入境 …………………………………………（131）
第三章　样品环境安全评价 ………………………………（132）
第四章　样品环境安全证明 ………………………………（133）
第五章　出入境卫生检疫审批与报检查验 ………………（135）
第六章　后续监管 …………………………………………（135）
第七章　罚　　则 …………………………………………（136）
第八章　附　　则 …………………………………………（137）

环境保护专项政策

关于加强国家重点生态功能区
环境保护和管理的意见

环发〔2013〕16号

各省、自治区、直辖市、新疆生产建设兵团环境保护厅（局）、发展改革委、财政厅（局）：

　　为贯彻落实党的十八大关于建设生态文明和美丽中国的理念与精神，推进《全国主体功能区规划》、《国务院关于加强环境保护重点工作的意见》实施，加强国家重点生态功能区环境保护和管理，增强区域整体生态功能，保障国家和区域生态安全，促进经济社会可持续发展，提出如下意见：

　　一、总体要求

　　（一）重要意义。国家重点生态功能区是指承担水源涵养、水土保持、防风固沙和生物多样性维护等重要生态功能，关系全国或较大范围区域的生态安全，需要在国土空间开发中限制进行大规模高强度工业化城镇化开发，以保持并提高生态产品供给能力的区域。加强国家重点生态功能区环境保护和管理，是增强生态服务功能，构建国家生态安全屏障的重要支撑；是促进人与自然和谐，推动生态文明建设的重要举措；是促进区域协调发展，全面建设小康社会的重要基础；是推进主体功能区建设，优化国土开发空间格局、建设美丽中国的重要任务。

（二）基本原则。坚持以科学发展观为指导，加快实施主体功能区战略，树立尊重自然、顺应自然、保护自然的生态文明理念，以保障国家生态安全、促进人与自然和谐相处为目标，以增强区域生态服务功能、改善生态环境质量为重点，切实加强国家重点生态功能区环境保护和管理。

坚持生态主导、保护优先。把保护和修复生态环境、增强生态产品生产能力作为首要任务，坚持保护优先、自然恢复为主的方针，实施生态系统综合管理，严格管制各类开发活动，加强生态环境监管和评估，减少和防止对生态系统的干扰和破坏。

坚持严格准入、限制开发。按照生态功能恢复和保育原则，实行更有针对性的产业准入和环境准入政策与标准，提高各类开发项目的产业和环境门槛。根据区域资源环境承载能力，坚持面上保护、点状开发，严格控制开发强度和开发范围，禁止成片蔓延式开发扩张，保持并逐步扩大自然生态空间。

坚持示范先行、分步推进。选择有典型代表性的不同类型国家重点生态功能区进行试点，探索限制开发区域科学发展的新模式，探索区域生态功能综合管理的新途径，创新区域保护和管理的新机制。

二、主要任务

（一）严格控制开发强度。要按照《全国主体功能区规划》要求，对国家重点生态功能区范围内各类开发活动进行严格管制，使人类活动占用的空间控制在目前水平并逐步缩小，以腾出更多的空间用于维系生态系统的良性循环。要依托资源环境承载能力相对较强的城镇，引导城镇建设与工业开发集中布局、点状开发，禁止成片蔓延式开发扩张。要严格开发区管理，原则上不再新建各类开发区和扩大现有工业开发区的面积，已有的工业开发区要逐步改造成低消耗、可循环、少排放、"零污染"的生态型工业区。国家发展改革委要组织地方发展改革委进一步明确国家重点生态功能区的开发强度等约束性指标。

（二）加强产业发展引导。在不影响主体功能定位、不损害生态功能的前提下，支持重点生态功能区适度开发利用特色资源，合理发展适宜性产业。根据不同类型重点生态功能区的要求，按照生态功能恢复和保育原则，国家发展改革委、环境保护部牵头制定实施更加严格的产业准入和环境要求，制定实施限制和禁止发展产业名录，提高生态环境准入门槛，严禁不符合主体功能定位的项目进入。对于不适合主体功能定位的现有产业，相关经济综合管理部门要通过设备折旧、设备贷款、土地置换等手段，促进产业梯度转移或淘汰。各级发展改革部门在产业发展规划、生产力布局、项目审批等方面，都要严格按照国家重点生态功能区的定位要求加强管理，合理引导资源要素的配置。编制产业专项规划、布局重大项目，须开展主体功能适应性评价，使之成为产业调控和项目布局的重要依据。

（三）全面划定生态红线。根据《国务院关于加强环境保护

— 3 —

重点工作的意见》和《国家环境保护"十二五"规划》要求，环境保护部要会同有关部门出台生态红线划定技术规范，在国家重要（重点）生态功能区、陆地和海洋生态环境敏感区、脆弱区等区域划定生态红线，并会同国家发展改革委、财政部等制定生态红线管制要求和环境经济政策。地方各级政府要根据国家划定的生态红线，依照各自职责和相关管制要求严格监管，对生态红线管制区内易对生态环境产生破坏或污染的企业尽快实施关闭、搬迁等措施，并对受损企业提供合理的补偿或转移安置费用。

（四）加强生态功能评估。国家和省级环境保护部门要会同有关部门加强国家重点生态功能区生态功能调查与评估工作，制定国家重点生态功能区生态功能调查与评价指标体系及生态功能评估技术规程，建立健全区域生态功能综合评估长效机制，强化对区域生态功能稳定性和生态产品提供能力的评价和考核，定期评估区域主要生态功能及其动态变化情况。环境保护和财政部门要加大对国家重点生态功能区县域生态环境质量考核力度，完善考核机制，考核结果作为中央对地方国家重点生态功能区转移支付资金分配的重要依据。区域生态功能评估结果要及时送发展改革、财政和环境保护部门，作为评估当地经济社会发展质量和生态文明建设水平的重要依据，纳入政府绩效考核；同时作为产业布局、项目审批、财政转移支付和环境保护监管的重要依据。

（五）强化生态环境监管。地方各级环境保护部门要从严控制排污许可证发放，严格落实国家节能减排政策措施，保证区域内污染物排放总量持续下降。专项规划以及建设项目环境影响评价等文件，要设立生态环境评估专门章节，并提出可行的预防措施。要强化监督检查，建立专门针对国家重点生态功能区和生态红线管制区的协调监管机制。各级环境保护部门要对重点生态功能区和生态红线管制区内的各类资源开发、生态建设和恢复等项目进行分类管理，依据其不同的生态影响特点和程度实行严格的生态环境监管，建立天地一体化的生态环境监管体系，完善区域内整体联动监管机制。地方各级政府要全面实行矿山环境治理恢复保证金制度，严格按照提取标准收提并纳入税前生产成本，专户管理和使用，全面落实企业和政府生态保护与恢复治理责任。严禁盲目引入外来物种，严格控制转基因生物环境释放活动，减少对自然生态系统的人为干扰，防止发生不可逆的生态破坏。要健全生态环境保护责任追究制度，加大惩罚力度。对于未按重点生态功能区环境保护和管理要求执行的地区和建设单位，上级有关部门要暂停审批新建项目可行性研究报告或规划，适当扣减国家重点生态功能区转移支付等资金，环境保护部门暂停评审或审批其规划或新建项目环境影响评价文件。对生态环境造成严重后果的，除责令其修复和损害赔偿外，将依法追究相关责任人的责任。

（六）健全生态补偿机制。加快制定出台生态补偿政策法规，建立动态调整、奖惩分明、导向明确的生态补偿长效机制。中央财政要继续加大对国家重点生态功能区的财政转移支付力度，并会同发展改革和环境保护部门明确和强化地方政府生态保护责任。地方各级政府要依据财政部印发的国家重点生态功能区转移支付办法，制定本区域重点生态功能区转移支付的相关标准和实施细则，推进国家重点生态功能区政绩考核体系的配套改革。地方各级政府要以保障国家生态安全格局为目标，严格按照要求把财政转移支付资金主要用于保护生态环境和提高基本公共服务水平等。鼓励探索建立地区间横向援助机制，生态环境受益地区要采取资金补助、定向援助、对口支援等多种形式，对相应的重点生态功能区进行补偿。

三、保障措施

（一）切实加强组织领导。各部门要加强组织管理和协调，编制重点生态功能区区域规划和生态保护规划，明确相应的政策措施、资金投入等要求。地方各级政府要加强组织领导，强化协调沟通，切实建立和完善生态保护优先的绩效考核评价体系，落实对辖区内重点生态功能区环境保护和管理的目标责任。

（二）完善配套政策体系。地方各级政府要建立健全有利于国家重点生态功能区环境保护和管理的各项政策措施及法律法规，统筹协调各类生态环境保护与建设资金的分配和使用，发挥各项政策和资金的合力，促进区域整体生态功能改善。地方各级发展改革、财政和环境保护部门要制定实施有利于重点生态功能区保护的财政、投资、产业和环境保护等配套政策，支持开展有利于重点生态功能区生态功能保护和恢复的基础理论和应用技术研究，推广适宜重点生态功能区的生态保护和恢复治理技术，加强国家重点生态功能区建设。

（三）加强监督评估工作。发展改革部门要加强对国家重点生态功能区建设整体进展成效的督检查和综合评估工作。环境保护部门要建立健全专业队伍和技术手段，强化国家重点生态功能区生态功能专项评估和监管工作，并将评估与监管结果向全社会公布。有关部门要加强相互配合，相互支撑，形成合力。

（四）鼓励开展试点示范。国家发展改革委会同财政部、环境保护部等部门在不同类型的国家重点生态功能区中，选择一些具有典型代表性地区进行试点示范，指导地方政府研究制定试点示范方案，引导限制开发区域探索科学发展的新模式。国家从政策、资金和技术上对试点示范地区给予支持和倾斜，并及时总结经验，促进交流和推广，发挥试点示范地区在重点生态功能区建设方面的先行和导向作用。

国家发展改革、财政和环境保护等有关部门以及地方各级政府，要加强衔接协调，切实把实施主体功能战略、加强国家重点生态功能区保护和建设作为推进科学发展、加快转变经济发展方式的重大战略举措，进一步转变观念、提高认识、强化责任，贯彻落实好相关政策举措，提升区域整体生态功能水平，全面建设生态文明。

附件：国家重点生态功能区示意图（略）

环境保护部
发展改革委
财政部
2013 年 1 月 22 日

关于进一步加强环境保护信息公开工作的通知

环办〔2012〕134号

各省、自治区、直辖市环境保护厅（局），新疆生产建设兵团环境保护局，辽河保护区管理局，部机关各部门，各派出机构、直属单位：

为贯彻落实《国务院办公厅关于印发2012年政府信息公开重点工作安排的通知》（国办发〔2012〕26号）和全国政府信息公开工作电视电话会议精神，进一步做好环境保护信息公开工作，现就有关事项通知如下：

一、充分认识新时期环境保护信息公开的重要意义

环境保护信息公开工作事关人民群众的知情权、参与权和监督权。随着我国经济社会的不断发展，社会公众参与环境保护工作的意识以及对环境保护工作的期望值、关注度显著提高。《国务院办公厅关于印发2012年政府信息公开重点工作安排的通知》把环境保护信息公开作为政府信息公开工作的八个重点领域之一，充分体现国务院对环境保护工作的高度重视。各级环保部门要提高认识、做好准备、抓住重点、规范运行，采取有效措施，扎实推进环境保护信息公开工作。

二、进一步加强环境保护信息公开

（一）加强环境核查与审批信息公开，深入推进行政权力公开透明运行

进一步审核现有管理职能和审批事项，梳理行政权力，规范审批程序，推进审批过程和结果公开。各级环保部门要进一步建立和完善网上审批系统，形成行政审批许可网络化受理、办理和答复的工作程序。对涉及群众切身利益的重大项目，要扩大公示范围，广泛听取社会公众意见。

1. 公开行业环保核查信息。包括重点行业环保核查规章制度（核查程序、核查办法、时间要求、申报方式、联系方式等）；向社会公示初步通过核查的企业名单；公开重点行业环保核查结果。

2. 公开上市环保核查信息。包括上市环保核查规章制度（核查程序、办事流程、时间要求、申报方式、联系方式等）；核查工作信息（受理时间、进展情况、核查结论等）。要求申请核查公司主动公开环保核查相关信息，包括公司及其核查范围内企业名称、行业、所在地、生产及环保基本情况等。

3. 公开建设项目环评信息。对建设项目环境影响评价文件受理情况、环境影响报告书简本、环境影响评价文件审批结果以及建设项目竣工环境保护验收结果等相关信息予以全面主动公开。环境影响报告书简本作为项目受理条件之一，应当与建设项目环境影响评价文件受理情况同时在具有审批权的环境保护行政主管部门网站上公布。

4. 公开环境污染治理设施运营资质许可、固体废物进口、危险废物经营许可证、固体废物加工利用企业认定等审批事项的审批程序、标准、条件、时限、结果等信息。

5. 公开国家环境保护模范城市、国家生态建设示范区（含生态工业园区）等创建工作的考核办法、考核指标、考核结果等信息。

(二)加强环境监测信息公开,全面推进涉及民生、社会关注度高的环境保护信息公开

1. 全面落实新修订的《环境空气质量标准》,及时准确发布监测信息。按照《空气质量新标准第一阶段监测实施方案》要求,2012年在京津冀、长三角、珠三角等重点区域以及直辖市和省会城市等74个城市开展监测,12月底前对外发布信息。2013年在113个环境保护重点城市和国家环境保护模范城市开展监测,2015年底前在所有地级以上城市开展监测,并公开信息。完善环境空气质量信息发布平台,按新标准要求发布监测数据。

2. 及时向社会发布各类环境质量信息,推进重点流域水环境质量、重点城市空气环境质量、重点污染源监督性监测结果等信息的公开。地表水水质自动监测数据实现每4小时一次的实时公开,发布《全国地表水水质月报》。重点城市空气质量数据以预报和日报方式定期公开。

3. 发布违法排污企业名单,定期公布环保不达标生产企业名单,公开重点行业环境整治信息。依法督促企业公开环境信息。

4. 公开每年度的"全国主要污染物排放情况",每年度定期发布《中国环境统计年报》和《国家重点监控企业名单》。做好全国投运城镇污水处理设施、燃煤机组脱硫脱硝设施等重点减排工程的信息公开工作。

(三)加强重特大突发环境事件信息公开,及时公布处置情况

1. 发生重特大突发环境事件,要及时启动应急预案并发布信息。

2. 发生跨行政区域突发环境事件,要及时协调、建议相关人民政府联合发布信息。

3. 规范发布核与辐射安全日常监管信息,尤其要做好核与辐射安全事件信息的发布工作。

4. 把信息发布情况作为突发环境事件应急处置工作的重要考核指标,加强督促指导和通报力度,提高突发环境事件处置的公开透明度。

5. 对突发环境事件进行汇总分析,做好突发环境事件应对情况的定期发布工作。

三、切实加强环境保护信息公开的组织实施

各级环保部门要将信息公开作为重要工作进行部署,注重抓住关键环节,整合信息公开资源和渠道。加大主动公开环境信息力度,扩大主动公开环境信息范围,切实做好依申请公开环境信息办理工作。建立健全信息公开工作领导机制和推进机制,落实信息公开责任主体,明确任务分工,加强责任考核,努力在提升信息公开服务效能、方便企业和群众办事等方面取得新进展。

(一)积极探索建立环境信息公开的有效方式

各级环保部门要切实加强政府网站建设,充分发挥政府网站作为环境保护信息发布重要平台的作用。建立完善更加科学合理的信息公开目录,方便群众查询和使用。通过召开新闻发布会和新闻通报会,主动向社会通报环保工作情况。要充分发挥政府公报、报刊、广播、电视等主流媒体作用,多渠道发布环境保护信息,把环境保护工作置于社会各界和人民群众的有效监督之下,进一步提高环境保护工作的透明度和公信力。

(二)加强调查研究和舆情引导

要加强调查研究,及时总结信息公开工作的有效做法和宝贵经验,深化对信息公开工作规律的认识,不断提高信息公开工作科学化水平。环境保护信息涉及面广，社会关注度高，各级环保部门要加强环境保护舆情引导和对重大环境信息公开后社会反响的预判工作，做好应对预案，并密切跟踪公开后的舆情，及时发布相关信息，正确引导舆论。

（三）切实提高环境信息公开能力

推进电子政务、物联网等先进技术在环境领域的研发应用，建设环境信息资源中心。各级环保部门要进一步加强工作机构和队伍建设，从实际出发，健全工作机构，配齐工作人员，给予信息公开工作必要的经费支持，保证工作条件。要制定信息公开培训计划并认真实施，信息公开培训应作为公务员培训的重要内容。

政府信息公开工作任务重，要求高，责任大。各级环保部门及各有关单位要根据本通知精神，制订加强环境信息公开的具体办法，切实加强领导，精心组织，狠抓落实，完成好各项工作任务。

环境保护部办公厅
2012 年 10 月 30 日

关于进一步加强环境保护科学技术普及工作的意见

环发〔2015〕66号

各省、自治区、直辖市环境保护厅（局）、科技厅（委、局）、科协，新疆生产建设兵团环境保护局、科技局、科协，解放军环境保护局，辽河凌河保护区管理局，各有关单位：

环境保护科学技术普及工作（以下简称环保科普工作）对于提升全民环境科学素质、鼓励公众参与环境保护、落实国家创新驱动发展战略工作具有非常重要的作用。为贯彻党的十八大，十八届三中、四中全会精神，加快推动生态文明建设，根据《中华人民共和国环境保护法》《中华人民共和国科学技术普及法》和国务院印发的《全民科学素质行动计划纲要（2006—2010—2020年）》等法律和文件要求，对进一步加强环保科普工作提出以下意见。

一、指导思想和工作目标

（一）指导思想

以中国特色社会主义理论为指导，紧密围绕生态文明建设和环境保护工作重点，针对社会公众热点需求，坚持"政府主导、协同推进、社会参与、注重实效"的工作原则，以服务环保、服务社会为宗旨，以大幅提升公众环境科学素质为重点，不断增强全社会参与保护环境的自觉性、主动性、科学性，为全面推进生态文明建设提供有力支撑。

(二) 工作目标

环保科普工作要以改善环境质量、保障公众健康为切入点，大力宣传《中华人民共和国环境保护法》《大气污染防治行动计划》《水污染防治行动计划》等法律和规范性文件，围绕环保工作重点、难点，以及细颗粒物（PM2.5）污染、饮用水安全、土壤污染、重金属污染、废弃物处理处置、核与辐射安全、有毒有害化学品风险防范、环境与健康等社会热点和焦点，有针对性地开展科普资源开发、活动设计、知识传播等。

建立完善的环保科普体系和工作机制，切实提高环保科普能力；有效整合环保科普资源与传播渠道，实现环保科普资源共建共享；培育和创建品牌环保科普活动，实施重点人群环保科普行动，全面推动环保科普工作发展。

到2020年，基本建立起政府主导、社会参与的环保科普工作机制，形成联合、联动、共享的环保科普工作格局。创作一批公众喜闻乐见的环保科普作品；打造3—5个全国性环保科普品牌活动；创建一批国家级和省级环保科普基地，国家环保科普基地总数达到100家；构建多层次、多形式的全媒体科普传播模式；公民环保意识和科学素质水平明显提高。

二、重点任务

(三) 繁荣环保科普作品创作。开展原创性环保科普图书、译著、文章、动画、视频等作品创作；鼓励各级环保、科技、科协部门，以及科研院所、环保监测中心（站）、学会、环保宣教中心等与出版机构合作，创作市场化的、适合不同重点人群阅读、适应不同传播渠道的科普图书、挂图、影视作品；鼓励环保科研人员主动针对公众疑惑撰写科普文章，通过报刊、网络等媒体及时传播。

推动环保科研成果科普化。各级环保、科技、科协部门应在财政支持的、具备条件的科研项目中率先开展科研成果科普化试点，开发创作系列科普产品，增加科普成果产出考核要求，鼓励通过图书、视频、专题片、动画等形式，开展环保科研成果的传播与推广。

鼓励社会力量开展环保科普作品创作。通过资助、政府采购等形式支持和鼓励社会组织以多种形式创作环保科普作品；支持办好"全国环保科普创意大赛"等创作平台，充分调动公众、艺术院校等力量创作高质量的科普动画、漫画、视频等作品。

（四）积极开展科普活动。各级环保、科技、科协部门在科技活动周、全国科普日、"六·五"世界环境日、国际生物多样性日等全国性重大活动期间，应积极开展公众喜闻乐见、环保特色突出的科普活动；鼓励各级环保、科技、科协部门，以及学会、环保宣教中心等举办各类环保主题科技竞赛、讲座、展览、培训和交流等活动。各级环保、科技、科协部门要加强联合，针对各地环保工作重点，因地制宜开展科普下乡、科普进社区、科普进学校系列活动。继续组织好"大学生志愿者千乡万村环保科普行动""环保嘉年华"等全国性品牌活动。

（五）搭建环保科普资源共享平台。以建设中国环保科普资源网为重点，办好科普新闻、科普资讯、科普活动、资源产品、科普知识和科普基地等栏目；积极整合、集成现有环保科普资源，实现共建共享，充分发挥国家级资源平台的作用，实现环保科普资源的上传下载功能，为各地环保科普工作的开展提供高质量的科普资源。定期收集整理环保科普资源，公布资源清单。

积极与中国科普网、中国科普博览、中国数字科技馆等科普资源平台进行合作，实现共建共享。支持核与辐射安全科普网络平台建设。

（六）加强环保科普基地建设。完善环保科普基地评估指标体系和机制，指导国家环保科普基地创建工作。进一步加强已命名国家环保科普基地能力建设，加强监管考核，增强基地的主观能动性，充分发挥其功能和作用。国家环保科普基地应进一步突出环保科普特色，利用自身优势，在做好经常性科普工作的同时，积极开展进学校、进社区、进村镇等主题科普活动，办好环保专题网站（页）。省级环保、科技部门可结合本地区经济社会发展情况和环保科普工作需要，创建一批省级环保科普基地。

（七）推进环保科技资源开放。充分发挥各级科研院所、环保监测中心（站）、重点实验室、工程技术中心、野外观测台站、自然保护区，以及城镇污水处理厂、垃圾处理厂、核电站等企事业单位，利用自身科技资源，在环保科学传播、科普活动开展等方面发挥专业优势，面向公众开展形式多样的环保科普活动，通过"请进来"答疑解惑，主动回应公众关切。各级科研院所、环保监测中心（站）等单位要逐步提升环保科普能力，建立和完善面向社会的定期开放制度，重点组织开展面向青少年、城镇社区居民的各类环保科普活动。

（八）利用全媒体传播模式和平台开展环保科普传播。充分研究传统媒体与新媒体在环保科技传播领域的优势和应用特点，探索新老媒体融合互补、相得益彰的环保科普全媒体传播模式。建立健全环保部门与媒体的沟通、协调、交流机制，着力提高环保科学传播的主动性、准确性和权威性；以各级环保部门官方网站科普网页、栏目为核心，通过微信、微博、手机应用程序（APP）等手段，为公众提供丰富、多样、可选、便捷的科普服务；做好环境热点问题和突发环境事件的舆论引导，探索开展应急性环保科普活动的方式、方法；探索建立与门户网站等公共服务平台的合作机制和信息发布联动机制，针对热点问题开设专栏、专版、专题。

（九）加强环保科普人才队伍建设。加强专兼职环保科普人才和环保科普志愿者队伍建设，培养和造就一支规模适度、结构优化、素质优良的环保科普人才队伍；团结和联系一批热心科普工作的科学家、技术和管理专家，为环保科普工作提供咨询。建立动态环保科普专家库，完善环保科技界与媒体界的合作机制，形成快速的科普反应能力。建立环保科普人员培训制度，着力提升环保科普人员的科学素质和业务水平。组织开展环保科普人员、专家与新闻工作者的交流培训，提高环保科普传播水平。完善环保科普人才队伍建设机制。

（十）积极引导社会力量参与环保科普。积极探索环保科普工作市场发展机制，支持引导社会专业机构参与环保科普音像制品、游戏、资源包、展教具等产品的设计、研发和生产。各级环保、科技、科协部门要支持环保社会团体联系、影响一批具备条件的科研机构、高等院校的专家、学者，发表科普作品、举办科普讲座、参与科普活动。

三、重点人群科普工作

（十一）加强青少年环保科普工作。结合青少年特点及社会实践活动，做好中小学环保科普工作。以《中华人民共和国环境保护法》（2014年修订）实施为契机，推动环保意识、环境科学知识进课堂。鼓励开展形式多样的综合实践、参观体验、知识竞赛、专题讲座等活动。支持、推动中小学校与本地区的国家环保科普基地、环保科研院所、监测中心（站）等机构建立相对稳定的联系，充分利用校外科普资源开展教学实践活动。

（十二）持续开展面向农村农民的环保科普工作。针对农村、农民的特点，围绕农村生产生活、村容村貌、致富增收，开发喜闻乐见、通俗易懂的环保科普宣传品。利用好科技列车、科普大篷车、流动科技馆、农家书屋、院士专家西部行等科普载体，大力开展环保科普活动，普及农村环保知识和实用环保技术，提高广大农民的环保意识，促进农民养成环境友好的生产生活方式。

（十三）加强城镇劳动者和社区居民环保科普工作。以各类主题宣传日为载体，重点开展PM2.5防控、城镇污水与垃圾处理、电子废物分类回收处理以及资源节约、节能减排、绿色消费等主题科普活动。在重点核设施周边城镇和社区，加强核与辐射环保科普活动。利用社区科普大学、社区活动室、社区宣传栏、社区书屋等载体，开展形式多样、内容丰富的活动。

（十四）推动领导干部和公务员的环保知识培训。各级环保、科技、科协部门要积极推进将环保纳入各级党校、行政院校、干部学院教学内容，以生态文明建设、可持续发展战略、环境保护规划、环境保护法规等为重点，组织环保专家授课，提高领导干部环保决策能力。结合教学培训需求，积极开展多层次、多渠道、分类别、重实效的环保科技知识培训工作。在公务员培训中，进一步强化环保法规、政策、标准的培训内容，提高环境管理水平和能力。

四、保障措施

（十五）加强领导，明确责任。各级环保、科技、科协部门要提高对环保科普工作重要性的认识，加强沟通与协作，促进资源共享，共同推动落实各项工作任务。各级环保部门要进一步加强对环保科普工作的领导，强化环保科普工作职责和任务，做好环保科普系统设计，将环保科普工作纳入各地环境保护工作规划，制定环保科普工作实施方案，明确任务、落实责任、形成合力、扎实推进，构建内外联合、上下联动、资源共享的工作方式。

（十六）拓宽渠道，增加投入。各级环保、科技、科协部门要按照国家预算管理的规定和现行资金渠道，统筹考虑和安排一定的专项经费用于环保科普工作，在国家相关科技计划中，增加科普任务和经费。要积极创造条件，鼓励引导社会资金投入，逐步建立多层次、多渠道的环保科普投入体系。

（十七）多方参与，共同推进。各级环保、科技、科协部门应以进一步转变政府职能为契机，加大向社会力量购买服务的力度，支持具有条件的学会等环保社会团体和环保宣教中心等事业单位承担环保科普任务，发挥学会等社会团体的环保科普主力军作用。充分调动其他社会组织和企业参与环保科普工作的积极性，形成全社会共同推动环保科普工作的合力。

（十八）绩效考核，表彰激励。将科普工作和科普成果纳入各级环保部门、科研院所、监测中心（站）等单位和个人的绩效考核，调动环保科技工作者开展环保科普工作的积极性。在各级环境保护科学技术奖中增设科普项目，表彰、奖励环保科普成果；各级环保、科技、科协部门，要对在环保科普工作中成绩突出的先进集体和个人给予表彰奖励。

（十九）加强交流，示范推广。搭建与国际、港澳台地区的环保科普交流合作平台，促进科普文化互助发展。加强国内地区间、行业间的环保科普经验交流学习，做好科普基地、品牌项目活动的经验示范和宣传推广，提升环保科普工作实效。

环境保护部

科技部

中国科协

2015年6月8日

工业和信息化部关于加快推进环保装备制造业发展的指导意见

工信部节〔2017〕250号

各省、自治区、直辖市及计划单列市、新疆生产建设兵团工业和信息化主管部门：

环保装备制造业是节能环保产业的重要组成部分，是保护环境的重要技术基础，是实现绿色发展的重要保障。近年来，环保装备制造业规模迅速扩大，发展模式不断创新，服务领域不断拓宽，技术水平大幅提升，部分装备达到国际领先水平，2016年实现产值6200亿元，比2011年翻一番。随着绿色发展理念深入人心，工业绿色转型步伐进一步加快，为环保装备制造业发展带来了巨大的市场空间、提出了新的更高要求。但同时，环保装备制造业创新能力还不强，产品低端同质化竞争严重，先进技术装备应用推广困难等问题依然突出。为贯彻落实《中国制造2025》和《"十三五"国家战略性新兴产业发展规划》，全面推行绿色制造，提升环保装备制造业水平，促进环保产业持续健康发展，实现有效供给，提出以下意见。

一、总体思路和目标

（一）总体思路。全面贯彻党中央、国务院关于生态文明建设和实施制造强国战略的决策部署，牢固树立创新、协调、绿色、开放、共享的发展理念，强化创新驱动，优化产品结构，完善标准体系，促进融合发展，落实和完善支持行业发展的政策措施，激发行业发展的内生动力和市场主体活力，引导全行业转变发展方式，提高行业核心竞争力，全面提升先进环保装备有效供给，为绿色发展提供有力支撑。

（二）工作目标。到2020年，行业创新能力明显提升，关键核心技术取得新突破，创新驱动的行业发展体系基本建成。先进环保技术装备的有效供给能力显著提高，市场占有率大幅提升。主要技术装备基本达到国际先进水平，国际竞争力明显增强。产业结构不断优化，在每个重点领域支持一批具有示范引领作用的规范企业，培育十家百亿规模龙头企业，打造千家"专精特新"中小企业，形成若干个带动效应强、特色鲜明的产业集群。环保装备制造业产值达到10000亿元。

二、主要任务

（一）强化技术研发协同化创新发展。鼓励企业围绕亟待解决的环境污染热点难点问题和不断提升的环保标准需求，以突破关键共性技术为目标，以行业关键共性技术为依托，以产业链为纽带，培育创建技术创新中心、产业技术创新联盟。引导企业沿产业链协同创新，推动形成协同创新共同体，实现精准研发，攻克一批污染治理关键核心技术装备以及材料药剂。加强应用推广平台建设，完善产业化机制，鼓励创新成果转化，推动装备与治理项目精准对接，加快在钢铁、有色、化工、建材等传统制造业绿色化改造中的应用。

（二）推进生产智能化绿色化转型发展。探索推进非标产品模块化设计、标准化制造，推广物联网、机器人、自动化装备和信息化管理软件在生产过程中的应用，提高环保装备制造业智能制造和信息化管理水平，实现生产过程精益化管理。加大绿色设计、绿色工艺、绿色供应链在环保装备制造领域的应用，开展生产过程中能效、水效和污染物排放对标达标，创建绿色示范工厂，提高行业绿色制造的整体水平。

（三）推动产品多元化品牌化提升发展。优化环保装备产品结构，拓展产品细分领域，逐步开发形成针对不同行业、具有自主知识产权的成套化、系列化产品，针对环境治理成本和运行效率，重点发展一批智能型、节能型先进高效环保装备，根据用户治理需求和运行环境，打造一批定制化产品。加强环保装备产品品牌建设，建立品牌培育管理体系，推动社会化质量检测服务，提高产品质量档次，提升自主品牌市场认可度，培育一批具有国际知名度的自主品牌，提高品牌附加值和国际竞争力。

（四）引导行业差异化集聚化融合发展。鼓励环保装备龙头企业向系统设计、设备制造、工程施工、调试维护、运营管理一体化的综合服务商发展，中小企业向产品专一化、研发精深化、服务特色化、业态新型化的"专精特新"方向发展，形成一批由龙头企业引领、中小型企业配套、产业链协同发展的聚集区。引导环保装备制造与互联网、服务业融合发展，积极探索新模式、新业态，加快提升制造型企业服务能力和投融资能力。推进军民融合，促进军民两用装备在环境污染治理领域的应用推广。鼓励传统制造企业利用自身技术优势向环保装备制造业拓展，延伸产业链条的深度和广度。

（五）鼓励企业国际化开放发展。鼓励环保装备企业加强合作，采取优势互补、强强联合形式，积极拓展国外市场，通过技术引进、合作研发、直接投资等方式参与海外环保工程建设和运营,引导环保装备制造业由以单机出口为主向提供成套设备和服务为主的国际设备总承包和工程总包转变。鼓励环保装备企业与基础设施建设企业联合,积极参与"一带一路"建设、国际产能合作中的环境基础设施建设项目。充分利用双边、多边合作机制和交流平台,加强与国外企业信息、技术和项目交流合作,推动环保技术装备专利、标准等国际互认,实现国际化对接。

三、重点领域

(一)大气污染防治装备。重点研发 PM2.5 和臭氧主要前体物联合脱除、三氧化硫(SO_3)、重金属、二噁英处理等趋势性、前瞻性技术装备。研发除尘用脉冲高压电源等关键零部件,推广垃圾焚烧烟气、移动源尾气、挥发性有机物(VOCs)废气的净化处置技术及装备。推进燃煤电厂超低排放以及钢铁、焦化、有色、建材、化工等非电行业多污染物协同控制和重点领域挥发性有机物控制技术装备的应用示范。

(二)水污染防治装备。重点攻关厌氧氨氧化技术装备和电解催化氧化、超临界氧化装等氧化技术装备,研发生物强化和低能耗高效率的先进膜处理技术与组件,开展饮用水微量有毒污染物处理技术装备等基础研究。重点推广低成本高标准、低能耗高效率污水处理装备,燃煤电厂、煤化工等行业高盐废水的零排放治理和综合利用技术,深度脱氮除磷与安全高效消毒技术装备。推进黑臭水体修复、农村污水治理、城镇及工业园区污水厂提标改造,以及工业及畜禽养殖、垃圾渗滤液处理等领域高浓度难降解污水治理应用示范。

(三)土壤污染修复装备。重点研发土壤生物修复、强化气相抽提(SVE)、重金属电动分离等技术装备。重点推广热脱附、化学淋洗、氧化还原等技术装备。研究石油、化工、冶炼、矿山等污染场地对人居环境和生态安全影响，开展农田土壤污染、工业用地污染、矿区土壤污染等治理和修复示范。

（四）固体废物处理处置装备。重点研发建筑垃圾湿法分选、污染底泥治理修复、垃圾高效厌氧消化、垃圾焚烧烟气高效脱酸、焚烧烟气二噁英与重金属高效吸附、垃圾焚烧飞灰资源化处理等技术设备。重点推广水泥窑协同无害化处置成套技术装备、有机固废绝氧热解技术装备、先进高效垃圾焚烧技术装备、焚烧炉渣及飞灰安全处置技术装备，燃煤电厂脱硫副产品、脱硝催化剂、废旧滤袋无害化处理技术装备、低能耗污泥脱水、深度干化技术装备、垃圾渗滤液浓缩液处理、沼气制天然气、失活催化剂再生技术设备等。针对生活垃圾、危险废物焚烧处理领域技术装备工艺稳定性、防治二次污染，以及城镇污水处理厂、工业废水处理设施污泥处理处置等重点领域开展应用示范。

（五）资源综合利用装备。重点研发基于物联网与大数据的智能型综合利用技术装备，研发推广与污染物末端治理相融合的综合利用装备。在尾矿、赤泥、煤矸石、粉煤灰、工业副产石膏、冶炼渣等大宗工业固废领域研发推广高值化、规模化、集约化利用技术装备。在废旧电子电器、报废汽车、废金属、废轮胎等再生资源领域研发智能化拆解、精细分选及综合利用关键技术装备，推广应用大型成套利用的环保装备。加快研发废塑料、废橡胶的改性改质技术，以及废旧纺织品、废脱硝催化剂、废动力电池、废太阳能板的无害化、资源化、成套化处理利用技术装备。在秸秆等农业废弃物领域推广应用饲料化、基料化、肥料化、原料化、燃料化的"五料化"利用技术装备。

（六）环境污染应急处理装备。重点研发危险化学品事故、航运中危化品（氰化物）防泄漏及应急治理的应急技术装备。重点推广移动式三废应急处理技术装备、水上溢油应急处置技术装备等。开展危险化学品事故、蓝藻水华应急处置等技术装备的应用示范。

（七）环境监测专用仪器仪表。重点研发污染源水质聚类分析、水质毒性监测，石化、化工园区大气污染多参数连续监测与预警，生物监测及多目标物同步监测，以及应急环境监测等技术装备。重点推广污染物现场快速监测、挥发性有机物、氨、重金属、三氧化硫（SO_3）等多参数多污染物连续监测，车载、机载和星载等区域化、网格化环境监测技术装备，以及农田土壤重金属和持久性有机污染物快速检测、诊断等技术装备。

（八）环境污染防治专用材料与药剂。重点研发新型高效水处理材料与药剂、超净过滤、高效气固分离材料，土壤重金属和持久性有机污染物固化脱除、微生物修复、生态修复、环保用纳米材料及药剂。重点推广高效低阻长寿命除尘滤料、脱硫用耐腐蚀衬板、土壤重金属钝化材料及药剂、挥发性有机物处理用催化剂、垃圾除臭剂、原位钝化、固定、生物阻隔材料及药剂等。

（九）噪声与振动控制装备。重点推广轨道交通隔振技术装备、高速铁路声屏障技术装备、阵列式消声器、低频噪声源头诊治装备等关键技术装备等。

四、保障措施

（一）加强行业规范引导。按照环保装备制造业的细分领域，制定分领域的规范条件，发布符合规范条件企业名单，引导生产要素向优势企业集中。定期修订发布《国家鼓励发展的重大环保技术装备目录》，加快先进技术装备的研发和推广应用。进一步完善行业标准体系，引领产品标准化、系列化、通用化、成套化发展。构建行业经济运行监测体系，规范环保装备制造业有序发展。

（二）加大财税金融支持力度。充分利用绿色制造、工业转型升级、节能减排、技术改造等现有资金渠道，发挥节能节水环保专用设备所得税优惠政策和首台（套）重大技术装备保险补偿机制，支持先进环保技术装备产业化示范和推广应用。积极推动绿色信贷、绿色债券、融资租赁、知识产权质押贷款、信用保险保单质押贷款等金融产品，加大对环保装备制造业的支持力度。鼓励社会资本按市场化原则设立产业基金，投资环保装备制造业。

（三）充分发挥中介组织作用。利用相关行业协会、科研院所和咨询机构等熟悉行业、贴近企业的优势，积极开展政策宣传、技术交流、标准制定、运行监测、行业自律等工作，做好政府与行业、企业之间的桥梁和纽带，推动行业持续健康发展。

（四）加强人才队伍建设。围绕环保装备制造业发展需要，建立和完善多元化人才培训体系，加强具有创新精神的专业技术人才和具有工匠精神的高技能人才队伍建设，加强"走出去"人才的储备和培养，为行业发展提供多层次创新人才保障。

工业和信息化部

2017 年 10 月 17 日

关于加强二手车环保达标监管工作的通知

环办大气函〔2016〕2373号

各省、自治区、直辖市环境保护厅（局），商务主管部门：

　　为进一步贯彻国务院关于简政放权、放管结合、优化服务、便民惠民的重要决策部署，深入落实《国务院办公厅关于促进二手车便利交易的若干意见》（国办发〔2016〕13号，以下简称《意见》），加强二手车环保达标监管，推进改善大气环境质量，现将有关工作要求通知如下：

　　一、严格执行《意见》有关规定。《意见》对二手车迁入车辆要求和区域范围均作出明确规定，各地要认真贯彻落实，严格执行相关规定。

　　二、加强二手车环保达标监管。对于在机动车环保定期检验和安全检验有效期内，并经转入地环保检验，符合转入地在用车排放标准要求的车辆，各地不得设定其他限制措施（国家明确的大气污染防治重点区域和国家要求淘汰的车辆除外）。各级环保部门要建立二手车环保检验信息管理档案和核查机制，加强对二手车环保达标检验的监管工作，严防超标排放车辆造成污染转移。

　　三、加快推进二手车环保信息联网工作。各地环保部门要按照《关于进一步规范排放检验 加强机动车环境监督管理工作的通知》（国环规大气〔2016〕2号）要求，加快机动车环保信息联网建设工作进度，充分利用信息系统加强对二手车的环保达标监管。各地应督促机动车排放检验机构严格落实机动车排放检验标准要求,并将排放检验数据和电子检验报告上传环保部门,出具由环保部门统一编码的排放检验报告。各级环保部门要积极配合公安交管部门做好排放检验报告照片核查和排放检验信息核查,二手车转出地环保部门应及时将相关车辆信息移交转入地环保部门;转入地环保部门应对二手车上线排放检验实施在线监控,实现检验数据实时传输、及时分析处理。

四、加强二手车排放检验机构监督管理。环保部门应对排放检验机构实行"双随机、一公开"(随机抽取检查对象、随机选派执法检查人员、及时公开查处结果)的监管方式,重点加强对二手车转入排放检验机构的监督管理,通过现场检查排放检验过程、审查原始检验记录或报告等资料的方式强化执法监管,依法严肃查处违法排放检验机构。

五、各地商务主管部门要按照职能分工,积极配合环境保护部门做好相关工作。有条件的地方要探索推进二手车交易信息和环保信息互联互通,实现信息共享,推动信息向社会公开,便于经营者、消费者和管理部门查询、使用。

本通知自发布之日起实施,此前与本文件规定不符的以本文件为准。

环境保护部办公厅
商务部办公厅
2016 年 12 月 29 日

最高人民法院、民政部、环境保护部关于贯彻实施环境民事公益诉讼制度的通知

法〔2014〕352号

各省、自治区、直辖市高级人民法院、民政厅（局）、环境保护厅（局）、新疆维吾尔自治区高级人民法院生产建设兵团分院、民政局、环境保护局：

为正确实施《中华人民共和国民事诉讼法》、《中华人民共和国环境保护法》、《最高人民法院关于审理环境民事公益诉讼案件适用法律若干问题的解释》，现就贯彻实施环境民事公益诉讼制度有关事项通知如下：

一、人民法院受理和审理社会组织提起的环境民事公益诉讼，可根据案件需要向社会组织的登记管理机关查询或者核实社会组织的基本信息，包括名称、住所、成立时间、宗旨、业务范围、法定代表人或者负责人、存续状态、年检信息、从事业务活动的情况以及登记管理机关掌握的违法记录等，有关登记管理机关应及时将相关信息向人民法院反馈。

二、社会组织存在通过诉讼牟取经济利益情形的，人民法院应向其登记管理机关发送司法建议，由登记管理机关依法对其进行查处，查处结果应向社会公布并通报人民法院。

三、人民法院受理环境民事公益诉讼后，应当在十日内通报对被告行为负有监督管理职责的环境保护主管部门。环境保护主

管部门收到人民法院受理环境民事公益诉讼案件线索后,可以根据案件线索开展核查;发现被告行为构成环境行政违法的,应当依法予以处理,并将处理结果通报人民法院。

四、人民法院因审理案件需要,向负有监督管理职责的环境保护主管部门调取涉及被告的环境影响评价文件及其批复、环境许可和监管、污染物排放情况、行政处罚及处罚依据等证据材料的,相关部门应及时向人民法院提交,法律法规规定不得对外提供的材料除外。

五、环境民事公益诉讼当事人达成调解协议或者自行达成和解协议的,人民法院应当将协议内容告知负有监督管理职责的环境保护主管部门。相关部门对协议约定的修复费用、修复方式等内容有意见和建议的,应及时向人民法院提出。

六、人民法院可以判决被告自行组织修复生态环境,可以委托第三方修复生态环境,必要时也可以商请负有监督管理职责的环境保护主管部门共同组织修复生态环境。对生态环境损害修复结果,人民法院可以委托具有环境损害评估等相关资质的鉴定机构进行鉴定,必要时可以商请负有监督管理职责的环境保护主管部门协助审查。

七、人民法院判决被告承担的生态环境修复费用、生态环境受到损害至恢复原状期间服务功能损失等款项,应当用于修复被损害的生态环境。提起环境民事公益诉讼的原告在诉讼中所需的调查取证、专家咨询、检验、鉴定等必要费用,可以酌情从上述款项中支付。

八、人民法院应将判决执行情况及时告知提起环境民事公益诉讼的社会组织。

各级人民法院、民政部门、环境保护部门应认真遵照执行。对于实施工作中存在的问题和建议，请分别及时报告最高人民法院、民政部、环境保护部。

最高人民法院

民政部

环境保护部

2014 年 12 月 26 日

关于深化落实水电开发生态环境保护措施的通知

环发〔2014〕65号

各省、自治区、直辖市、新疆生产建设兵团环境保护厅（局）、发展改革委、能源局（办），辽河保护区管理局，解放军环境保护局：

为贯彻落实党的十八大及十八届三中全会提出的坚持节约优先、保护优先、自然恢复为主的方针，建立河流水电开发与环境保护统筹协调机制，深化落实水电开发生态环境保护措施，切实做好水电开发环境保护工作，现就有关要求通知如下：

一、河流水电规划应统筹水电开发与生态环境保护

河流水电规划及环境影响评价应按照"全面规划、综合利用、保护环境、讲求效益、统筹兼顾"的规划原则，以及"生态优先、统筹考虑、适度开发、确保底线"的环境保护要求，协调水电建设与生态环境保护关系，统筹流域环境保护工作。

（一）科学分析确定流域生态环境敏感保护对象。应对流域有关区域生态环境进行全面调查、科学评价，充分研究相关生态环境敏感问题，科学分析保护的必要性、可行性和合理性，确定生态环境敏感保护对象。

（二）合理确定重要敏感生态环境保护范围。应高度重视流域重要生态环境敏感保护对象的保护，避让自然保护区、珍稀物种

集中分布地等生态敏感区域，减小流域生物多样性和重要生态功能的损失。优化水电开发和生态保护空间格局，在做好生态保护和移民安置的前提下积极发展水电，水电规划环境影响评价应设立物种栖息地保护专章，统筹干支流、上下游水电开发与重要物种栖息地保护，合理拟定栖息地保护范围。

（三）统筹规划主要生态环境保护措施。应结合流域生态保护要求、河流开发规划、梯级开发时序、开发主体以及生态环境敏感保护对象情况，统筹梯级电站生态调度、过鱼设施、鱼类增殖放流和栖息地保护等工程补偿措施的布局和功能定位。应根据规划河段生态用水需求，初拟相关电站生态流量泄放要求；结合梯级电站特点和鱼类保护需要，初拟过鱼方式；统筹考虑梯级电站的增殖放流，增殖放流应与栖息地保护结合，保障增殖放流效果。依据河流水域生境特点，总体明确各河段放流对象。对涉及生态环境敏感保护对象的梯级，应根据规划开发时序研究提出保护措施。

（四）强化水电规划及规划环评的指导约束作用。水电规划和规划环境影响评价是河流水电开发的依据，各级发展改革委（能源局）在审批流域水电规划时应充分采纳环境保护部门审查的规划环评意见。项目建设时，应与流域规划环境保护措施相协调，已明确作为栖息地保护的河流、区域不得再进行水电开发；建设项目落实环境保护措施应依据规划环评报告及审查意见，确保实现规划的环境保护总体目标。

二、水电项目建设应严格落实生态环境保护措施

应统筹安排各阶段环境保护措施的设计、建设和运行，保证各项环境保护措施设计符合规范要求，及时建设落实并发挥作用，

确保安全。

对环评已批复、项目已核准（审批）的水电工程，经回顾性研究或环境影响后评价确定须补设或优化生态流量泄放、水温恢复、过鱼等重要环境保护措施的，应按水电工程设计有关变更管理的要求，履行相关程序后实施。设计变更工作应开展专题研究，必要时进行模型试验，以保障工程安全和稳定运行。

（一）合理确定生态流量，认真落实生态流量泄放措施。应根据电站坝址下游河道水生生态、水环境、景观等生态用水需求，结合水力学、水文学等方法，按生态流量设计技术规范及有关导则规定，编制生态流量泄放方案。方案中应明确电站最小下泄生态流量和下泄生态流量过程。此外，还需确定蓄水期及运行期生态流量泄放设施及保障措施。在国家和地方重点保护、珍稀濒危或开发区域河段特有水生生物栖息地的鱼类产卵季节，经论证确有需要，应进一步加大下泄生态流量；当天然来流量小于规定下泄最小生态流量时，电站下泄生态流量按坝址处天然实际来流量进行下放。电网调度中应参照电站最小下泄生态流量进行生态调度。生态流量泄放应优先考虑专用泄放设施，与主体工程同步开展设计、施工和运行，确保设施安全可靠、运行灵活。

（二）充分论证水库下泄低温水影响，落实下泄低温水减缓措施。对具有多年调节、年调节的水库和水温分层现象明显的季调节性能水库，若坝下河段存在对水温变化敏感的重要生态保护目标时，工程应采取分层取水减缓措施；对具有季调节性能以下的水库，应根据水库水温垂向分布和下游水温变化敏感目标，充分论证下泄水温变化对敏感目标的影响，如存在重大影响，应采取分层取水减缓措施。

（三）科学确定水生生态敏感保护对象，严格落实栖息地保护措施。水电工程应结合栖息地生境本底、替代生境相似度和种群相似度，编制栖息地保护方案，明确栖息地保护目标、具体范围及采取的工程措施，并在水电开发同时落实栖息地保护措施，保护受影响物种的替代生境。项目环评审批前，应配合地方政府相关部门制订栖息地保护规划方案，并请相关地方政府出具承诺性文件。

（四）充分论证过鱼方式，认真落实过鱼措施。水电工程应结合保护鱼类的重要性、受影响程度和过鱼效果等，综合分析论证采取过鱼措施的必要性和过鱼方式。水电工程采取过鱼措施应深入研究有关鱼类生态习性和种群分布，综合考虑地形地质、水文、泥沙、气候以及水工建筑物型式等因素，与栖息地、增殖放流站等鱼类保护措施进行统筹协调，按过鱼设计技术规范要求，经过技术经济、过鱼效果等综合比较后确定过鱼设施型式。现阶段对水头较低的水电建设项目，原则上应重点研究采取仿自然通道措施；对水头中等的水电建设项目，原则上应重点研究采取鱼道或鱼道与仿自然通道组合方式；对水头较高的水电建设项目，应结合场地条件和枢纽布置特性，研究采取鱼道、升鱼机、集运鱼系统或不同组合方式的过鱼措施。应深入开展过鱼设施的技术方案研究，做好鱼道水工模型试验和鱼类生物学试验，落实过鱼设施建设，保证过鱼设施按设计方案正常运行。加强电站运行期过鱼效果观测，优化过鱼设施的运行管理。

（五）论证鱼类增殖放流目标和规模，落实鱼类增殖放流措施。应根据规划环评初拟确定的增殖放流方案，结合电站开发时序和建设管理体制，依据放流水域生境适宜性和现有栖息空间的环境容量，明确各增殖站选址、放流目标、规模和规格，做好鱼类增殖放流措施设计、建设和运行工作。放流对象和规模应根据逐年放流跟踪监测结果进行调整。为便于管理和明确责任，鱼类增殖放流站选址原则上应在业主管理用地范围内。要根据场地布置条件，合理进行增殖站布局和工艺选择，保证鱼类增殖放流站在工程蓄水前建成并完成运行能力建设。

（六）科学确定陆生生态敏感保护对象，落实陆生生态保护措施。对受项目建设影响的珍稀特有植物或古树名木，通过异地移栽、苗木繁育、种质资源保存等方式进行保护。在生长条件满足情况下，业主管理用地应优先作为重要移栽场地之一。对受阻隔或栖息地淹没影响的珍稀动物，通过修建动物廊道、构建类似生境等方式予以保护。要加强施工期环境管理，优化施工用地范围和施工布局，合理选择渣、料场和其他施工场地，重视表土剥离、堆存和合理利用。要明确提出施工用地范围景观规划和建设要求，大坝、公路、厂房等永久建筑物的设计和建设要与周围景观相协调，施工迹地恢复应根据不同立地条件，提出相应恢复措施和景观建设要求。

三、切实做好移民安置环境保护工作

（一）加强移民安置环境保护建设。应根据当地自然资源、生态环境和社会环境特点，结合城镇化规划和要求，分析移民安置方式环境适宜性。对农村移民集中安置点、城（集）镇、工矿企业以及专项设施的迁建和复建，应按要求开展环境影响评价工作并报有审批权的环境保护行政主管部门审批，开展移民安置环境保护措施设计并报行业技术审查单位审查，落实设施建设。对涉及重大移民安置的环保工程，应开展与主体工程同等深度的方案比选，并开展相关专题研究工作。移民安置环保工作应作为电站竣工环境保护验收的重要内容。

（二）注重电站库底清理环保工作。在水库初期蓄水前，应提出库底清理方案，并按照有关要求做好库底清理环保工作。对工业固体废物、危险废物、废放射源以及固体废物清理后原址被污染的土壤等按有关规定采取处理措施，在专项设计基础上进行无害化处置，防止二次污染。库底清理工作须作为电站下闸蓄水阶段环保检查的重要内容。

四、建立健全生态环境保护措施实施保障机制

（一）建立水电开发与环境保护协调机制。加强部门沟通，协商研究有关水电工程建设和环境保护问题，研究建立环境保护行政主管部门、能源主管部门之间的水电开发与环境保护工作协调机制，在可研阶段对重大事项进行会商。对于特别重要的河流，研究成立流域水电开发环境保护协调领导机构，建立并完善相应的环境保护管理制度，协商水电开发环境保护政策性问题，协调水电规划及项目开发与环境保护的重大问题，商议解决梯级调度与生态调度等重要问题。

（二）建立流域水电开发环境保护管理机制。流域水电开发企业原则上应成立统一的流域环境保护管理机构。对多企业进行水电开发的流域，应由主要水电开发企业牵头，联合其他企业成立流域环境保护管理机构，制定行之有效的环境保护管理制度和办法，组织落实并协调流域环境保护措施和相关规划设计及专题研究任务。

（三）建立河流生态环境保护资金保障机制。水电开发应坚持开发与保护并重，落实"谁开发、谁保护，谁破坏、谁治理"的原则。应强化工程补偿，坚持动植物栖息地保护、生态修复、水温恢复、过鱼设施、鱼类增殖放流、水土保护等工程性补偿措施到位。水电开发主体单位应落实环保设施建设资金、保障需要，并纳入工程概算；应确保运行期间的环保投入，保障工程环保设施的长期有效运行，促进库区生态建设。探索建立流域水电环境保护可持续管理制度，促进水电开发环境保护实施效果。

（四）建立工程技术保障机制。水电工程环境保护措施是工程建设的重要组成部分，各类环境保护措施应遵照相应的技术标准开展设计，确保工程安全和环保措施运行稳定。应逐步完善水电工程环境保护设计规范和技术标准体系，及时修订相关标准。对于与主体工程相关的环境保护措施建筑物应与主体工程同步开展试验研究和设计，考虑工程安全、环保要求、技术经济等多方面因素，综合分析比较确定环境保护措施方案。

积极开展水电工程环境保护关键技术研究。从流域、项目两个层面开展模拟生态水文过程调度、生态流量保障、水温恢复、过鱼设施、珍稀特有鱼类人工驯养繁殖、河流与水库生境修复、栖息地建设等关键技术研究，为水电工程环境保护工作的深入开展提供技术支撑。

五、加强水电开发生态环境保护措施落实的监督管理

（一）加强环境保护措施落实的监督。加强环境保护措施"三同时"监督管理工作，建立动态跟踪管理系统，建设单位应定期向环评审批部门报告工程重要进度节点及环境保护措施落实情

况，环评审批部门不定期进行检查或巡视。依据规划环评及项目环评要求，严格按照建设项目管理程序分预可研、可研、招投标和技术施工阶段开展重要环境保护措施设计工作，报行业技术审查单位审查并抄送环评文件审批部门。建设单位应在环境保护措施建设前确定环境监理单位，环境监理单位应将环境保护设施的建设进度、质量和运行情况作为监理工作重点，及时上报建设单位，并与地方环境保护行政主管部门形成联动。环境保护行政主管部门应采用定期检查和不定期巡视等方式对水电建设过程中主要生态环境保护措施的"三同时"落实情况进行检查，发现问题及时要求整改落实，并报上一级主管部门，对情节严重的依法惩处。

（二）加强环境保护措施验收管理。水电建设项目建设过程中应及时开展项目环境保护工作阶段性检查和验收工作，工程总体验收前应及时开展竣工环境保护验收工作，并把环境保护措施的落实情况作为检查和验收重点。其中栖息地保护、生态流量泄放、水温恢复、过鱼设施、鱼类增殖放流等主要环境保护措施的落实情况应作为竣工环境保护验收的重要内容，确保环境保护措施按要求建成并投入运行。环境保护措施落实不到位的应及时进行整改，蓄水后会严重影响环境保护措施实施的工程，必须在整改落实后才能进行蓄水。水电建设项目的主要环境保护工程，应纳入能源主管部门组织的水电工程安全鉴定和验收范围，确保主要环境保护工程的设计、施工及运行安全满足工程要求。

（三）加强环境保护措施运行监督管理。项目开发主体应确保各项环境保护措施的正常运行，并达到项目审批要求的功能和效果。应做好生态环境监测工作，按照环评要求构建生态环境监测体系，长期跟踪观测库区和坝下水温、水文情势变化以及鱼类关键栖息地的生境条件变化，动态开展鱼类增殖放流、过鱼导鱼、生态修复等措施实施效果监测。建立项目环境保护设施运行监测成果报告制度，项目开发主体应每半年编制电站环境保护设施运行简报，总结分析各项设施的运行及效果情况，提出存在的问题和改善运行效果的措施计划。简报应报送环境保护行政主管部门和能源主管部门。环境保护行政主管部门应加强对环境保护设施运行的监督抽查，及时提出整改意见。

（四）适时开展水电开发环境影响回顾性评价和后评价。对水电规划较早，未开展规划环评的主要河流，河流开发主体应编制水电开发环境影响回顾性评价，环境保护行政主管部门会同能源主管部门审查并联合印发审查意见；省级环境保护行政主管部门组织环境影响回顾性评价审查的审查意见应报环境保护部备案。河流水电开发环境影响回顾性评价应将已建电站主要环境影响复核和环境保护措施效果分析作为重要研究内容。水电建设项目运行满5年，应按要求开展环境影响后评价工作，重点关注工程运行对环境敏感目标的影响，及时调整补充相应环保措施。

环境保护部
国家能源局
2014年5月10日

关于加强化工园区环境保护工作的意见

环发〔2012〕54号

各省、自治区、直辖市、计划单列市及新疆生产建设兵团环境保护厅（局），辽河保护区管理局，各环境保护督查中心，中国石油和化学工业联合会，中国石油天然气集团公司，中国石油化工集团公司，中国海洋石油总公司，中国中化集团公司，中国化工集团公司等有关行业协会及企业：

化工园区（以下简称"园区"）包括石化化工产业集中的各类工业园区、产业园区（基地）、高新技术产业开发区、经济技术开发区及专业化工园区和由各级政府依法设置的化工生产单位集中区。推进园区的规范化可持续发展，是推动石油和化工行业调整产业结构、加快转变经济发展方式的重要措施。近年来，我国化工园区以其科学的发展理念、先进的技术装备、现代化的管理模式，为促进经济和社会发展做出了重要贡献。但有些园区在发展过程中也暴露出布局不合理、项目准入门槛低、环保基础设施建设滞后、化学品环境管理体系不完善、环境风险隐患突出、园区管理不规范等问题。为贯彻落实国务院《关于加强环境保护重点工作的意见》（国发〔2011〕35号）和《国家环境保护"十二五"规划》（国发〔2011〕42号），加强园区的环境保护工作，特制定本《意见》。

一、科学规划园区，严格环评制度

（一）科学制定园区发展规划。园区开发建设规划应结合当地城市总体规划、土地利用总体规划、生态功能区划和环境保护规划要求，以循环经济理念为指导，按照一体化建设、分层次布局的原则科学制定。园区的设立应符合区域产业定位，禁止在人口集中居住区、重要生态功能区、自然保护区、饮用水水源保护区、基本农田保护区以及其他环境敏感区域内设立园区。

（二）强化园区开发建设规划环境影响评价工作。新建园区在编制开发建设规划时，应编制规划环境影响报告书。已经批准的园区规划在实施范围、适用期限、建设规模、结构与布局等方面进行重大调整或修订的，应当及时重新开展规划环境影响评价工作。现有园区未开展环境影响评价的，应自本通知发布之日起一年内完成规划环境影响评价工作。逾期未开展或未完成规划环境影响评价的，各级环境保护主管部门暂停受理入园项目的环评审批。

（三）推行园区规划环境影响跟踪评价。规划实施五年以上的园区，应组织开展环境影响跟踪评价，编制规划环境影响跟踪评价报告书，由相应的环境保护主管部门组织审核，并督促园区管理机构对跟踪评价中发现的环境问题进行限期整改。

二、严格环境准入，深化项目管理

（四）规范入园项目技术要求。园区入园项目必须符合国家产业结构调整的要求，采用清洁生产技术及先进的技术装备，同时，对特征化学污染物采取有效的治理措施，确保稳定达标排放。

（五）实行园区污染物排放总量控制。园区所在辖区人民政府应进一步明确园区污染物排放总量，将园区总量指标和项目总量指标作为入园项目环评审批的前置条件,确保建成后该项目和园区各类污染物排放总量符合总量控制目标要求。鼓励通过结构调整、产业升级、循环经济、技术创新和技术改造等措施减少园区污染物排放总量。

（六）深化入园项目环境影响评价工作。入园项目必须开展环境影响评价工作。园内企业应按要求编制建设项目环境影响评价文件,将环境风险评价作为危险化学品入园项目环境影响评价的重要内容,并提出有针对性的环境风险防控措施。

（七）加强入园项目环境管理。园区管理机构应加强对入园项目的环境管理,对园区项目主体工程和污染治理配套设施"三同时"执行情况、环境风险防控措施落实情况、污染物排放和处置等进行定期检查,完善园区环保基础设施建设和运行管理,确保各类污染治理设施长期稳定运行。

三、加快设施建设,加强日常监管

（八）实施园区污水集中处理。新建园区应建设集中式污水处理厂及配套管网,确保园内企业排水接管率达100%。废水排入城市污水处理设施的现有园区,必须对废水进行预处理达到城市污水处理设施接管要求。无集中式污水处理厂或不能稳定达标排放的现有园区,应在本通知发布之日起两年内完成整改。园内企业应做到"清污分流、雨污分流",实现废水分类收集、分质处理,并对废水进行预处理,达到园区污水处理厂接管要求后,方可接入园区污水处理厂集中处理。园内企业排放的废水原则上应经专用明管输送至集中式污水处理厂,并设置在线监控装置、视频监控系统及自控阀门。鼓励有条件的园区实施区域中水回用。

（九）加强园区废气和固体废物处理处置。园内企业应加强对废气尤其是有毒及恶臭气体的收集和处理，严格控制挥发性有机物（VOC）、有毒及恶臭气体的排放，配备相应的应急处置设施。园区内固体废物和危险废物必须严格按照国家相关管理规定及规范进行安全处置。鼓励有条件的园区建设相配套的固体废物特别是危险废物处置场所，避免大量危险废物跨地区转移带来的环境风险。

（十）鼓励建立第三方运营管理机制。鼓励园区委托有资质的单位对环境污染治理设施进行运营管理。采取环境污染治理设施第三方运营管理的园区，园区管理机构必须对环境污染治理设施的运行状况进行监督检查，发现污染防治设施不正常运行、或未经批准擅自停运防治设施的，必须及时纠正、限期整改。

四、健全管理制度，强化环境管理

（十一）加强园区污染物排放监测。园区管理机构应制定园区内主要污染物和化学特征污染物的监测方案，严格控制污染物排放，并加强对空气环境质量的监测。各级环境保护主管部门要不断提高化学特征污染物的监测能力，认真做好对园内企业污染物排放的监督性监测和检查。

（十二）严格园区运行监管。园内企业应严格执行国家或地方污染物排放标准，园区管理机构应严格按照国家或地方相关环境保护标准的规定对企业特征污染物实施监督管理，杜绝有毒有害污染物超标排放。凡园区风险防控设施不完善、园内企业污染物超标排放且未按要求完成限期整改、治理的，各级环境保护主管部门应暂停新入园区建设项目的审批，污染防治、环境安全隐患整改、生态恢复建设和循环经济类建设项目除外。

（十三）开展危险化学品环境管理登记和风险管理。园区管理机构应督促园内企业按照要求进行危险化学品环境管理登记，加强化学品环境风险管理。县级以上环境保护主管部门应组织开展危险化学品环境管理登记工作，并进行监督检查与监测；对不按照规定履行登记义务的企业，应依法给予处罚。严格执行新化学物质登记和有毒化学品进出口环境管理登记制度，加强登记审批后管理。

（十四）加强信息公开。园区管理机构应定期发布园区环境状况公告，督促园内企业履行化学品环境风险防控的主体责任，要求企业按相关规定进行排污申报登记，并足额缴纳排污费。园内企业应建立化学品环境管理台账和信息档案，依法向社会公开相关信息。鼓励园区和企业实施"责任关怀"。

五、完善防控体系，确保环境安全

（十五）加快园区环境风险预警体系建设。园区管理机构应建立环境风险防范管理工作长效机制，建立覆盖面广的可视化监控系统，加快自动监测预警网络建设，健全环境风险单位信息库。加强重大环境风险单位的监管能力建设，逐步建立和完善集污染源监控、环境质量监控和图像监控于一体的数字化在线监控中心。鼓励构建适用性强的污染物扩散和迁移状况模拟模型，建设信号传输系统和可共享的应急监测设施。

（十六）健全园区环境风险防控工程。建立企业、园区和周边水系环境风险防控体系。建立完善有效的环境风险防控设施和有效的拦截、降污、导流等措施。隶属于园区的周边水系应建立可关闭的闸门，有效防止泄漏物和消防水等进入园区外环境。

（十七）加强园区环境应急保障体系建设。园内企业应制定环境应急预案，明确环境风险防范措施。园区管理机构应根据园区自身特点，制定园区级综合环境应急预案，结合园区新、改、扩建项目的建设，不断完善各类突发环境事件应急预案。加强应急救援队伍、装备和设施建设，储备必要的应急物资，建立重大风险单位集中监控和应急指挥平台，逐步建设高效的环境风险管理和应急救援体系。开展有针对性的环境安全隐患排查，有计划地组织应急培训和演练，全面提升园区风险防控和事故应急处置能力。从事危险化学品生产、储存、经营、运输、使用和废弃处置的企业应当购买环境污染责任保险。

六、加强组织领导，严格责任追究

（十八）落实各方责任。园区环境保护工作由园区管理机构负总责，形成园区管理机构一把手亲自抓，主管部门和负责人员明确的管理体制。园区管理机构应督促园内企业执行环境保护法律、法规及其他有关规定，配合环境保护主管部门加强对企业环境保护工作的监督管理。

（十九）建立园区考核制度。环境保护部组织制定化工园区环境保护工作考核管理要求，各级环境保护主管部门应加强对园区环境管理等相关工作的检查和考核，定期通报考核结果。鼓励园区积极创建国家生态工业示范园区。

（二十）完善责任追究制。建立完善园区化学品环境污染责任追究制。对不符合环保要求、污染治理设施不正常运行、环境安全隐患突出的，依法限期整治、责令整改；对存在偷排直排等恶意环境违法行为的园区，依法实行挂牌督办；对屡次发生突发环境事件及列入省级挂牌督办范围的园区、企业及相关责任人，按照相关法律和法规处理。

（二十一）执行年度报告制度。园区管理机构每年应将本园区环境管理情况报告报送当地环境保护主管部门。各省级环境保护主管部门应于次年 1 月底前将辖区内园区环境管理和运行情况年度报告上报环境保护部。

各省级环境保护主管部门应自本意见发布之日起 3 个月内制定本辖区加强园区环境保护工作的实施方案,并上报环境保护部备案。

环境保护部

2012 年 5 月 17 日

关于发布《铅蓄电池再生及生产污染防治技术政策》和《废电池污染防治技术政策》的公告

2016年 第82号

为贯彻《中华人民共和国环境保护法》，完善环境技术管理体系，指导污染防治，保障人体健康和生态安全，引导行业绿色循环低碳发展，环境保护部组织制定了《铅蓄电池生产及再生污染防治技术政策》、修订了《废电池污染防治技术政策》。现予公布，供参照执行。以上文件内容可登录环境保护部网站查询。

自本公告发布之日起，《关于发布〈废电池污染防治技术政策〉的通知》（环发〔2003〕163号）废止。

附件：1. 铅蓄电池生产及再生污染防治技术政策
2. 废电池污染防治技术政策

环境保护部
2016年12月26日

附件1：

铅蓄电池生产及再生污染防治技术政策

一、总则

（一）为贯彻《中华人民共和国环境保护法》等法律法规，防治环境污染，保障生态安全和人体健康，规范污染治理和管理行为，引领铅蓄电池行业污染防治技术进步，促进行业的绿色循环低碳发展，制定本技术政策。

（二）本技术政策适用于铅蓄电池生产及再生过程，其中铅蓄电池生产包括铅粉制造、极板制造、涂板、化成、组装等工艺过程，铅蓄电池再生包括破碎分选、脱硫、熔炼等工艺过程。铅蓄电池在收集、运输和贮存等环节的技术管理要求由《废电池污染防治技术政策》规定。

（三）本技术政策为指导性文件，主要包括源头控制和生产过程污染防控、大气污染防治、水污染防治、固体废物利用与处置、鼓励研发的新技术等内容，为铅蓄电池行业环境保护相关规划、环境影响评价等环境管理和企业污染防治工作提供技术指导。

（四）铅蓄电池生产及再生应加大产业结构调整和产品优化升级力度，合理规划产业布局，进一步提高产业集中度和规模化水平。

（五）铅蓄电池生产及再生应遵循全过程污染控制原则，以重金属污染物减排为核心，以污染预防为重点，积极推进源头减量替代，突出生产过程控制，规范资源再生利用，健全环境风险防控体系，强制清洁生产审核，推进环境信息公开。

（六）铅蓄电池行业应对含铅废气、含铅废水、含铅废渣及硫酸雾等进行重点防治，防止累积性污染，鼓励铅蓄电池企业达到一级清洁生产水平。

二、源头控制与生产过程污染防控

（一）铅蓄电池企业原料的运输、贮存和备料等过程应采取措施，防止物料扬撒，不应露天堆放原料及中间产品。

(二) 优化铅蓄电池产品的生态设计，逐步减少或淘汰铅蓄电池中镉、砷等有毒有害物质的使用。

(三) 铅蓄电池生产过程中的熔铅、铸板及铅零件工序应在封闭车间内进行，产生烟尘的部位应设局部负压设施，收集的废气进入废气处理设施。根据产品类型的不同，应采用连铸连轧、连冲、拉网、压铸或者集中供铅（指采用一台熔铅炉为两台以上铸板机供铅）的重力浇铸板栅制造技术。铅合金配制与熔铅过程鼓励使用铅减渣剂，以减少铅渣的产生量。

(四) 铅粉制造工序应采用全自动密封式铅粉机；和膏工序（包括加料）应使用自动化设备，在密闭状态下生产；涂板及极板传送工序应配备废液自动收集系统；生产管式极板应使用自动挤膏机或封闭式全自动负压灌粉机。

(五) 分板、刷板（耳）工序应设在封闭的车间内，采用机械化分板、刷板（耳）设备，保持在局部负压条件下生产；包板、称板、装配、焊接工序鼓励采用自动化设备，并保持在局部负压条件下生产，鼓励采用无铅焊料。

(六) 供酸工序应采用自动配酸、密闭式酸液输送和自动灌酸；应配备废液自动收集系统并进行回收或处置。

(七) 化成工序鼓励采用内化成工艺，该工序应设在封闭车间内，并配备硫酸雾收集处理装置。新建企业应采用内化成工艺。

(八) 废铅蓄电池拆解应采用机械破碎分选的工艺、技术和设备，鼓励采用全自动破碎分选技术与装备，加强对原料场及各生产工序无组织排放的控制。分选出的塑料、橡胶等应清洗和分离干净，减少对环境的污染。

(九) 再生铅企业应对带壳废铅蓄电池进行预处理，废铅膏与铅栅应分别熔炼；对分选出的铅膏应进行脱硫处理；熔炼工序应采用密闭熔炼、低温连续熔炼、多室熔炼炉熔炼等技术，并在负压条件下生产，防止废气逸出；铸锭工序应采用机械化铸锭技术。

（十）废铅蓄电池的废酸应回收利用，鼓励采用离子交换或离子膜反渗透等处理技术；废塑料、废隔板纸和废橡胶的分选、清洗、破碎和干燥等工艺应遵循先进、稳定、无二次污染的原则，采用节水、节能、高效、低污染的技术和设备，鼓励采用自动化作业。

三、大气污染防治

（一）鼓励采用袋式除尘、静电除尘或袋式除尘与湿式除尘（如水幕除尘、旋风除尘）等组合工艺处理铅烟；鼓励采用袋式除尘、静电除尘、滤筒除尘等组合工艺技术处理铅尘。鼓励采用高密度小孔径滤袋、微孔膜复合滤料等新型滤料的袋式除尘器及其他高效除尘设备。应采取严格措施控制废气无组织排放。

（二）再生铅熔炼过程中，应控制原料中氯含量，鼓励采用烟气急冷、功能材料吸附、催化氧化等技术控制二噁英等污染物的排放。

（三）再生铅熔炼过程产生的硫酸雾应采用冷凝回流或物理捕捉加逆流碱液洗涤等技术进行处理。

四、水污染防治

（一）废水收集输送应雨污分流，生产区内的初期雨水应进行单独收集并处理。生产区地面冲洗水、厂区内洗衣废水和淋浴水应按含铅废水处理，收集后汇入含铅废水处理设施，处理后达标排放或循环利用，不得与生活污水混合处理。

（二）含重金属（铅、镉、砷等）生产废水，应在其产生车间或生产设施进行分质处理或回用，经处理后实现车间、处理设施和总排口的一类污染物的稳定达标；其他污染物在厂区总排放口应达到法定要求排放；鼓励生产废水全部循环利用。

（三）含重金属（铅、镉、砷等）废水，按照其水质及排放要求，可采用化学沉淀法、生物制剂法、吸附法、电化学法、膜分离法、离子交换法等组合工艺进行处理。

五、固体废物利用与处置

（一）再生铅熔炼产生的熔炼浮渣、合金配制过程中产生的合金渣应返回熔炼工序；除尘工艺收集的不含砷、镉的烟（粉）尘应密闭返回熔炼配料系统或直接采用湿法提取有价金属。

（二）鼓励废铅蓄电池再生企业推进技术升级，提高再生铅熔炼各工序中铅、锑、砷、镉等元素的回收率，严格控制重金属排放量。

（三）废铅蓄电池再生过程中产生的铅尘、废活性炭、废水处理污泥、含铅废旧劳保用品（废口罩、手套、工作服等）、带铅尘包装物等含铅废物应送有危险废物经营许可证的单位进行处理。

六、鼓励研发的新技术

（一）减铅、无镉、无砷铅蓄电池生产技术。

（二）自动化电池组装、快速内化成等铅蓄电池生产技术。

（三）卷绕式、管式等新型结构密封动力电池、新型大容量密封铅蓄电池等生产技术。

（四）新型板栅材料、电解沉积板栅制造技术及铅膏配方。

（五）干、湿法熔炼回收铅膏、直接制备氧化铅技术及熔炼渣无害化综合利用技术。

（六）废气、废水及废渣中重金属高效去除及回收技术。

（七）废气、废水中铅、镉、砷等污染物快速检测与在线监测技术。

附件2：

废电池污染防治技术政策

一、总则

（一）为贯彻《中华人民共和国环境保护法》《中华人民共和国固体废物污染环境防治法》等有关法律法规，防治环境污染，保障生态安全和人体健康，指导环境管理与科学治污，引领污染防治技术进步，促进废电池利用，制定本技术政策。

（二）本技术政策适用于各种电池在生产、运输、销售、贮存、使用、维修、利用、再制造等过程中产生的混合废料、不合格产品、报废产品和过期产品的污染防治。重点控制的废电池包括废的铅蓄电池、锂离子电池、氢镍电池、镉镍电池和含汞扣式电池。

（三）本技术政策为指导性文件，主要包括废电池收集、运输、贮存、利用与处置过程的污染防治技术和鼓励研发的新技术等内容，为废电池的环境管理与污染防治提供技术指导。

（四）废电池污染防治应遵循闭环与绿色回收、资源利用优先、合理安全处置的综合防治原则。

（五）逐步建立废铅蓄电池、废新能源汽车动力蓄电池等的收集、运输、贮存、利用、处置过程的信息化监管体系，鼓励采用信息化技术建设废电池的全过程监管体系。

（六）列入国家危险废物名录或者根据国家规定的危险废物鉴别标准和鉴别方法认定为危险废物的废电池按照危险废物管理。

二、收集

（一）在具备资源化利用条件的地区，鼓励分类收集废原电池。

（二）鼓励电池生产企业、废电池收集企业及利用企业等建设废电池收集体系。鼓励电池生产企业履行生产者延伸责任。

（三）鼓励废电池收集企业应用"物联网+"等信息化技术建立废电池收集体系，并通过信息公开等手段促进废电池的高效回收。

（四）废电池收集企业应设立具有显著标识的废电池分类收集设施。鼓励消费者将废电池送到相应的废电池收集网点装置中。

（五）收集过程中应保持废电池的结构和外形完整，严禁私自破损废电池，已破损的废电池应单独存放。

三、运输

（一）废电池应采取有效的包装措施，防止运输过程中有毒有害物质泄漏造成污染。

（二）废锂离子电池运输前应采取预放电、独立包装等措施，防止因撞击或短路发生爆炸等引起的环境风险。

（三）禁止在运输过程中擅自倾倒和丢弃废电池。

四、贮存

（一）废电池应分类贮存，禁止露天堆放。破损的废电池应单独贮存。贮存场所应定期清理、清运。

（二）废铅蓄电池的贮存场所应防止电解液泄漏。废铅蓄电池的贮存应避免遭受雨淋水浸。

（三）废锂离子电池贮存前应进行安全性检测，避光贮存，应控制贮存场所的环境温度，避免因高温自燃等引起的环境风险。

五、利用

（一）禁止人工、露天拆解和破碎废电池。

（二）应根据废电池特性选择干法冶炼、湿法冶金等技术利用废电池。干法冶炼应在负压设施中进行，严格控制处理工序中的废气无组织排放。

（三）废锂离子电池利用前应进行放电处理，宜在低温条件下拆解以防止电解液挥发。鼓励采用酸碱溶解-沉淀、高效萃取、分步沉淀等技术回收有价金属。对利用过程中产生的高浓度氨氮废水，鼓励采用精馏、膜处理等技术处理并回用。

（四）废含汞电池利用时，鼓励采用分段控制的真空蒸馏等技术回收汞。

（五）废锌锰电池和废镉镍电池应在密闭装置中破碎。

（六）干法冶炼应采用吸附、布袋除尘等技术处理废气。

（七）湿法冶金提取有价金属产生的废水宜采用膜分离法、功能材料吸附法等处理技术。

（八）废铅蓄电池利用企业的废水、废气排放应执行《再生铜、铝、铅、锌工业污染物排放标准》（GB 31574）。其他废电池干法利用企业的废气排放应参照执行《危险废物焚烧污染控制标准》（GB18484），废水排放应当满足《污水综合排放标准》（GB 8978）和其他相应标准的要求。

（九）废铅蓄电池利用的污染防治技术政策由《铅蓄电池生产及再生污染防治技术政策》规定。

六、处置

（一）应避免废电池进入生活垃圾焚烧装置或堆肥发酵装置。

（二）对于已经收集的、目前还没有经济有效手段进行利用的废电池，宜分区分类填埋，以便于将来利用。

（三）在对废电池进行填埋处置前和处置过程中，不应将废电池进行拆解、碾压及其他破碎操作，保证废电池的外壳完整，减少并防止有害物质渗出。

七、鼓励研发的新技术

（一）废电池高附加值和全组分利用技术。

（二）智能化的废电池拆解、破碎、分选等技术。

（三）自动化、高效率和高安全性的废新能源汽车动力蓄电池的模组分离、定向循环利用和逆向拆解技术。

（四）废锂离子电池隔膜、电极材料的利用技术和电解液的膜分离技术。

关于环保的最新名录、目录

国家危险废物名录

中华人民共和国环境保护部令

部令 第 39 号

《国家危险废物名录》已于 2016 年 3 月 30 日由环境保护部部务会议修订通过,现予公布,自 2016 年 8 月 1 日起施行。原环境保护部、国家发展和改革委员会发布的《国家危险废物名录》(环境保护部、国家发展和改革委员会令第 1 号)同时废止。

环境保护部部长
发展改革委主任
公安部部长
2016 年 6 月 14 日

第一条　根据《中华人民共和国固体废物污染环境防治法》的有关规定，制定本名录。

第二条　具有下列情形之一的固体废物（包括液态废物），列入本名录：

（一）具有腐蚀性、毒性、易燃性、反应性或者感染性等一种或者几种危险特性的；

（二）不排除具有危险特性，可能对环境或者人体健康造成有害影响，需要按照危险废物进行管理的。

第三条　医疗废物属于危险废物。医疗废物分类按照《医疗废物分类目录》执行。

第四条　列入《危险化学品目录》的化学品废弃后属于危险废物。

第五条　列入本名录附录《危险废物豁免管理清单》中的危险废物，在所列的豁免环节，且满足相应的豁免条件时，可以按照豁免内容的规定实行豁免管理。

第六条　危险废物与其他固体废物的混合物，以及危险废物处理后的废物的属性判定，按照国家规定的危险废物鉴别标准执行。

第七条　本名录中有关术语的含义如下：

（一）废物类别，是在《控制危险废物越境转移及其处置巴塞尔公约》划定的类别基础上，结合我国实际情况对危险废物进行的分类。

（二）行业来源，是指危险废物的产生行业。

（三）废物代码，是指危险废物的唯一代码，为8位数字。其中，第1—3位为危险废物产生行业代码（依据《国民经济行业分类（GB/T 4754-2011）》确定），第 4—6 位为危险废物顺序代码，第 7—8 位为危险废物类别代码。

（四）危险特性，包括腐蚀性（Corrosivity，C）、毒性（Toxicity，T）、易燃性（Ignitability，I）、反应性（Reactivity，R）和感染性（Infectivity，In）。

第八条 对不明确是否具有危险特性的固体废物，应当按照国家规定的危险废物鉴别标准和鉴别方法予以认定。

经鉴别具有危险特性的，属于危险废物，应当根据其主要有害成分和危险特性确定所属废物类别，并按代码"900-000-××"（××为危险废物类别代码）进行归类管理。

经鉴别不具有危险特性的，不属于危险废物。

第九条 本名录自 2016 年 8 月 1 日起施行。2008 年 6 月 6 日环境保护部、国家发展和改革委员会发布的《国家危险废物名录》（环境保护部、国家发展和改革委员会令第 1 号）同时废止。

附表：国家危险废物名录

附表

国家危险废物名录

废物类别	行业来源	废物代码	危险废物	危险特性
HW01 医疗废物	卫生	831-001-01	感染性废物	In
		831-002-01	损伤性废物	In
		831-003-01	病理性废物	In
		831-004-01	化学性废物	T
		831-005-01	药物性废物	T
	非特定行业	900-001-01	为防治动物传染病而需要收集和处置的废物	In
HW02 医药废物	化学药品原料药制造	271-001-02	化学合成原料药生产过程中产生的蒸馏及反应残余物	T
		271-002-02	化学合成原料药生产过程中产生的废母液及反应基废物	T
		271-003-02	化学合成原料药生产过程中产生的废脱色过滤介质	T
		271-004-02	化学合成原料药生产过程中产生的废吸附剂	T
		271-005-02	化学合成原料药生产过程中的废弃产品及中间体	T
	化学药品制剂制造	272-001-02	化学药品制剂生产过程中的原料药提纯精制、再加工产生的蒸馏及反应残余物	T
		272-002-02	化学药品制剂生产过程中的原料药提纯精制、再加工产生的废母液及反应基废物	T

— 61 —

续表

废物类别	行业来源	废物代码	危险废物	危险特性
HW02 医药废物	化学药品制剂制造	272-003-02	化学药品制剂生产过程中产生的废脱色过滤介质	T
		272-004-02	化学药品制剂生产过程中产生的废吸附剂	T
	兽用药品制造	272-005-02	化学药品制剂生产过程中产生的废弃产品及原料药	T
		275-001-02	使用砷或有机砷化合物生产兽药过程中产生的废水处理污泥	T
		275-002-02	使用砷或有机砷化合物生产兽药过程中蒸馏工艺产生的蒸馏残余物	T
		275-003-02	使用砷或有机砷化合物生产兽药过程中产生的废脱色过滤介质及吸附剂	T
		275-004-02	其他兽药生产过程中产生的蒸馏及反应残余物	T
		275-005-02	其他兽药生产过程中产生的废脱色过滤介质及吸附剂	T
		275-006-02	兽药生产过程中产生的废母液、反应基和培养基废物	T
		275-007-02	兽药生产过程中产生的废吸附剂	T
		275-008-02	兽药生产过程中产生的废弃产品及原料药	T

续表

废物类别	行业来源	废物代码	危险废物	危险特性
HW02 医药废物	生物药品制造	276-001-02	利用生物技术生产生物化学药品、基因工程药物过程中产生的蒸馏及反应残余物	T
		276-002-02	利用生物技术生产生物化学药品、基因工程药物过程中产生的废母液、反应基和培养基废物（不包括利用生物技术合成氨基酸、维生素过程中产生的培养基废物）	T
		276-003-02	利用生物技术生产生物化学药品、基因工程药物过程中产生的废脱色过滤介质（不包括利用生物技术合成氨基酸、维生素过程中产生的废脱色过滤介质）	T
		276-004-02	利用生物技术生产生物化学药品、基因工程药物过程中产生的废吸附剂	T
		276-005-02	利用生物技术生产生物化学药品、基因工程药物过程中产生的废弃产品、原料药和中间体	T
HW03 废药物、药品	非特定行业	900-002-03	生产、销售及使用过程中产生的失效、变质、不合格、淘汰、伪劣的药物和药品（不包括 HW01、HW02、900-999-49 类）	T

续表

废物类别	行业来源	废物代码	危险废物	危险特性
HW04 农药废物	农药制造	263-001-04	氯丹生产过程中六氯环戊二烯过滤产生的残余物；氯丹氯化反应器的真空汽提产生的废物	T
		263-002-04	乙拌磷生产过程中甲苯回收工艺产生的蒸馏残渣	T
		263-003-04	甲拌磷生产过程中二乙基二硫代磷酸过滤产生的残余物	T
		263-004-04	2,4,5-三氯苯氧乙酸生产过程中四氯苯蒸馏产生的重馏分及蒸馏残余物	T
		263-005-04	2,4-二氯苯氧乙酸生产过程中产生的含2,6-二氯苯酚残余物	T
		263-006-04	乙烯基双二硫代氨基甲酸及其盐类生产过程中产生的过滤、蒸发和离心分离残余物及废水处理污泥；产品研磨和包装工序集（除）尘装置收集的粉尘和地面清扫废物	T
		263-007-04	溴甲烷生产过程中反应器产生的废水和酸干燥器产生的废硫酸；生产过程中产生的废吸附剂和废水分离器产生的废物	T

续表

废物类别	行业来源	废物代码	危险废物	危险特性
HW04 农药废物	农药制造	263-008-04	其他农药生产过程中产生的蒸馏及反应残余物	T
		263-009-04	农药生产过程中产生的废母液与反应罐及容器清洗废液	T
		263-010-04	农药生产过程中产生的废滤料和吸附剂	T
		263-011-04	农药生产过程中产生的废水处理污泥	T
		263-012-04	农药生产、配制过程中产生的过期原料及废弃产品	T
	非特定行业	900-003-04	销售及使用过程中产生的失效、变质、不合格、淘汰、伪劣的农药产品	T
HW05 木材防腐剂废物	木材加工	201-001-05	使用五氯酚进行木材防腐过程中产生的废水处理污泥，以及木材防腐处理过程中产生的沾染该防腐剂的废弃木材残片	T
		201-002-05	使用杂酚油进行木材防腐过程中产生的废水处理污泥，以及木材防腐处理过程中产生的沾染该防腐剂的废弃木材残片	T

续表

废物类别	行业来源	废物代码	危险废物	危险特性
HW05 木材防腐剂废物	木材加工	201-003-05	使用含砷、铬等无机防腐剂进行木材防腐过程中产生的废水处理污泥,以及木材防腐处理过程中产生的沾染该防腐剂的废弃木材残片	T
	专用化学产品制造	266-001-05	木材防腐化学品生产过程中产生的反应残余物、废弃滤料及吸附剂	T
		266-002-05	木材防腐化学品生产过程中产生的废水处理污泥	T
		266-003-05	木材防腐化学品生产、配制过程中产生的废弃产品及过期原料	T
	非特定行业	900-004-05	销售及使用过程中产生的失效、变质、不合格、淘汰、伪劣的木材防腐化学品	T
HW06 废有机溶剂与含有机溶剂废物	非特定行业	900-401-06	工业生产中作为清洗剂或萃取剂使用后废弃的含卤素有机溶剂,包括四氯化碳、二氯甲烷、1,1-二氯乙烷、1,2-二氯乙烷、1,1,1-三氯乙烷、1,1,2-三氯乙烷、三氯乙烯、四氯乙烯	T, I
		900-402-06	工业生产中作为清洗剂或萃取剂使用后废弃的有毒有机溶剂,包括苯、苯乙烯、丁醇、丙酮	T, I

续表

废物类别	行业来源	废物代码	危险废物	危险特性
HW06 废有机溶剂与含有机溶剂废物	非特定行业	900-403-06	工业生产中作为清洗剂或萃取剂使用后废弃的易燃易爆有机溶剂,包括正己烷、甲苯、邻二甲苯、间二甲苯、对二甲苯、1,2,4-三甲苯、乙苯、乙醇、异丙醇、乙醚、丙醚、乙酸甲酯、乙酸乙酯、乙酸丁酯、丙酸丁酯、苯酚	I
		900-404-06	工业生产中作为清洗剂或萃取剂使用后废弃的其他列入《危险化学品目录》的有机溶剂	T/I
		900-405-06	900-401-06中所列废物再生处理过程中产生的废活性炭及其他过滤吸附介质	T
		900-406-06	900-402-06和900-404-06中所列废物再生处理过程中产生的废活性炭及其他过滤吸附介质	T
		900-407-06	900-401-06中所列废物分馏再生过程中产生的高沸物和釜底残渣	T
		900-408-06	900-402-06和900-404-06中所列废物分馏再生过程中产生的釜底残渣	T

续表

废物类别	行业来源	废物代码	危险废物	危险特性
HW06 废有机溶剂与含有机溶剂废物	非特定行业	900-409-06	900-401-06中所列废物再生处理过程中产生的废水处理浮渣和污泥（不包括废水生化处理污泥）	T
		900-410-06	900-402-06和900-404-06中所列废物再生处理过程中产生的废水处理浮渣和污泥（不包括废水生化处理污泥）	T
HW07 热处理含氰废物	金属表面处理及热处理加工	336-001-07	使用氰化物进行金属热处理产生的淬火池残渣	T
		336-002-07	使用氰化物进行金属热处理产生的淬火废水处理污泥	T
		336-003-07	含氰热处理炉维修过程中产生的废内衬	T
		336-004-07	热处理渗碳炉产生的热处理渗碳氰渣	T
		336-005-07	金属热处理工艺盐浴槽釜清洗产生的含氰残渣和含氰废液	R, T
		336-049-07	氰化物热处理和退火作业过程中产生的残渣	T
HW08 废矿物油与含矿物油废物	石油开采	071-001-08	石油开采和炼制产生的油泥和油脚	T, I
		071-002-08	以矿物油为连续相配制钻井泥浆用于石油开采所产生的废弃钻井泥浆	T

续表

废物类别	行业来源	废物代码	危险废物	危险特性
HW08 废矿物油与含矿物油废物	天然气开采	072-001-08	以矿物油为连续相配制钻井泥浆用于天然气开采所产生的废弃钻井泥浆	T
	精炼石油产品制造	251-001-08	清洗矿物油储存、输送设施过程中产生的油/水和烃/水混合物	T
		251-002-08	石油初炼过程中储存设施、油-水-固态物质分离器、积水槽、沟渠及其他输送管道、污水池、雨水收集管道产生的含油污泥	T, I
		251-003-08	石油炼制过程中隔油池产生的含油污泥,以及汽油提炼工艺废水和冷却废水处理污泥(不包括废水生化处理污泥)	T
		251-004-08	石油炼制过程中溶气浮选工艺产生的浮渣	T, I
		251-005-08	石油炼制过程中产生的溢出废油或乳剂	T, I
		251-006-08	石油炼制换热器管束清洗过程中产生的含油污泥	T
		251-010-08	石油炼制过程中澄清油浆槽底沉积物	T, I
		251-011-08	石油炼制过程中进油管路过滤或分离装置产生的残渣	T, I
		251-012-08	石油炼制过程中产生的废过滤介质	T

续表

废物类别	行业来源	废物代码	危险废物	危险特性
HW08 废矿物油与含矿物油废物	非特定行业	900-199-08	内燃机、汽车、轮船等集中拆解过程产生的废矿物油及油泥	T, I
		900-200-08	珩磨、研磨、打磨过程产生的废矿物油及油泥	T, I
		900-201-08	清洗金属零部件过程中产生的废弃煤油、柴油、汽油及其他由石油和煤炼制生产的溶剂油	T, I
		900-203-08	使用淬火油进行表面硬化处理产生的废矿物油	T
		900-204-08	使用轧制油、冷却剂及酸进行金属轧制产生的废矿物油	T
		900-205-08	镀锡及焊锡回收工艺产生的废矿物油	T
		900-209-08	金属、塑料的定型和物理机械表面处理过程中产生的废石蜡和润滑油	T, I
		900-210-08	油/水分离设施产生的废油、油泥及废水处理产生的浮渣和污泥（不包括废水生化处理污泥）	T, I
		900-211-08	橡胶生产过程中产生的废溶剂油	T, I
		900-212-08	锂电池隔膜生产过程中产生的废白油	T

续表

废物类别	行业来源	废物代码	危险废物	危险特性
HW08 废矿物油与含矿物油废物	非特定行业	900-213-08	废矿物油再生净化过程中产生的沉淀残渣、过滤残渣、废过滤吸附介质	T, I
		900-214-08	车辆、机械维修和拆解过程中产生的废发动机油、制动器油、自动变速器油、齿轮油等废润滑油	T, I
		900-215-08	废矿物油裂解再生过程中产生的裂解残渣	T, I
		900-216-08	使用防锈油进行铸件表面防锈处理过程中产生的废防锈油	T, I
		900-217-08	使用工业齿轮油进行机械设备润滑过程中产生的废润滑油	T, I
		900-218-08	液压设备维护、更换和拆解过程中产生的废液压油	T, I
		900-219-08	冷冻压缩设备维护、更换和拆解过程中产生的废冷冻机油	T, I
		900-220-08	变压器维护、更换和拆解过程中产生的废变压器油	T, I
		900-221-08	废燃料油及燃料油储存过程中产生的油泥	T, I
		900-222-08	石油炼制废水气浮、隔油、絮凝沉淀等处理过程中产生的浮油和污泥	T
		900-249-08	其他生产、销售、使用过程中产生的废矿物油及含矿物油废物	T, I

续表

废物类别	行业来源	废物代码	危险废物	危险特性
HW09 油/水、烃/水混合物或乳化液	非特定行业	900-005-09	水压机维护、更换和拆解过程中产生的油/水、烃/水混合物或乳化液	T
		900-006-09	使用切削油和切削液进行机械加工过程中产生的油/水、烃/水混合物或乳化液	T
		900-007-09	其他工艺过程中产生的油/水、烃/水混合物或乳化液	T
HW10 多氯（溴）联苯类废物	非特定行业	900-008-10	含多氯联苯（PCBs）、多氯三联苯（PCTs）、多溴联苯（PBBs）的电容器、变压器	T
		900-009-10	含有 PCBs、PCTs 和 PBBs 的电力设备的清洗液	T
		900-010-10	含有 PCBs、PCTs 和 PBBs 的电力设备中废弃的介质油、绝缘油、冷却油及导热油	T
		900-011-10	含有或沾染 PCBs、PCTs 和 PBBs 的废弃包装物及容器	T
HW11 精（蒸）馏残渣	精炼石油产品制造	251-013-11	石油精炼过程中产生的酸焦油和其他焦油	T
	炼焦	252-001-11	炼焦过程中蒸氨塔产生的残渣	T
		252-002-11	炼焦过程中澄清设施底部的焦油渣	T
		252-003-11	炼焦副产品回收过程中萘、粗苯精制产生的残渣	T

续表

废物类别	行业来源	废物代码	危险废物	危险特性
HW11 精（蒸）馏残渣	炼焦	252-004-11	炼焦和炼焦副产品回收过程中焦油储存设施中的焦油渣	T
		252-005-11	煤焦油精炼过程中焦油储存设施中的焦油渣	T
		252-006-11	煤焦油分馏、精制过程中产生的焦油渣	T
		252-007-11	炼焦副产品回收过程中产生的废水池残渣	T
		252-008-11	轻油回收过程中蒸馏、澄清、洗涤工序产生的残渣	T
		252-009-11	轻油精炼过程中的废水池残渣	T
		252-010-11	炼焦及煤焦油加工利用过程中产生的废水处理污泥（不包括废水生化处理污泥）	T
		252-011-11	焦炭生产过程中产生的酸焦油和其他焦油	T
		252-012-11	焦炭生产过程中粗苯精制产生的残渣	T
		252-013-11	焦炭生产过程中产生的脱硫废液	T
		252-014-11	焦炭生产过程中煤气净化产生的残渣和焦油	T
		252-015-11	焦炭生产过程中熄焦废水沉淀产生的焦粉及筛焦过程中产生的粉尘	T
		252-016-11	煤沥青改质过程中产生的闪蒸油	T

续表

废物类别	行业来源	废物代码	危险废物	危险特性
HW11 精（蒸）馏残渣	燃气生产和供应业	450-001-11	煤气生产行业煤气净化过程中产生的煤焦油渣	T
		450-002-11	煤气生产过程中产生的废水处理污泥（不包括废水生化处理污泥）	T
		450-003-11	煤气生产过程中煤气冷凝产生的煤焦油	T
HW11 精（蒸）馏残渣	基础化学原料制造	261-007-11	乙烯法制乙醛生产过程中产生的蒸馏残渣	T
		261-008-11	乙烯法制乙醛生产过程中产生的蒸馏次要馏分	T
		261-009-11	苄基氯生产过程中苄基氯蒸馏产生的蒸馏残渣	T
		261-010-11	四氯化碳生产过程中产生的蒸馏残渣和重馏分	T
		261-011-11	表氯醇生产过程中精制塔产生的蒸馏残渣	T
		261-012-11	异丙苯法生产苯酚和丙酮过程中产生的蒸馏残渣	T
		261-013-11	萘法生产邻苯二甲酸酐过程中产生的蒸馏残渣和轻馏分	T
		261-014-11	邻二甲苯法生产邻苯二甲酸酐过程中产生的蒸馏残渣和轻馏分	T
		261-015-11	苯硝化法生产硝基苯过程中产生的蒸馏残渣	T

续表

废物类别	行业来源	废物代码	危险废物	危险特性
HW11 精（蒸）馏残渣	基础化学原料制造	261-016-11	甲苯二异氰酸酯生产过程中产生的蒸馏残渣和离心分离残渣	T
		261-017-11	1,1,1-三氯乙烷生产过程中产生的蒸馏残渣	T
		261-018-11	三氯乙烯和四氯乙烯联合生产过程中产生的蒸馏残渣	T
		261-019-11	苯胺生产过程中产生的蒸馏残渣	T
		261-020-11	苯胺生产过程中苯胺萃取工序产生的蒸馏残渣	T
		261-021-11	二硝基甲苯加氢法生产甲苯二胺过程中干燥塔产生的反应残余物	T
		261-022-11	二硝基甲苯加氢法生产甲苯二胺过程中产品精制产生的轻馏分	T
		261-023-11	二硝基甲苯加氢法生产甲苯二胺过程中产品精制产生的废液	T
		261-024-11	二硝基甲苯加氢法生产甲苯二胺过程中产品精制产生的重馏分	T
		261-025-11	甲苯二胺光气化法生产甲苯二异氰酸酯过程中溶剂回收塔产生的有机冷凝物	T

续表

废物类别	行业来源	废物代码	危险废物	危险特性
HW11 精（蒸）馏残渣	基础化学原料制造	261-026-11	氯苯生产过程中的蒸馏及分馏残渣	T
		261-027-11	使用羧酸肼生产1,1-二甲基肼过程中产品分离产生的残渣	T
		261-028-11	乙烯溴化法生产二溴乙烯过程中产品精制产生的蒸馏残渣	T
		261-029-11	α-氯甲苯、苯甲酰氯和含此类官能团的化学品生产过程中产生的蒸馏残渣	T
		261-030-11	四氯化碳生产过程中的重馏分	T
		261-031-11	二氯乙烯单体生产过程中蒸馏产生的重馏分	T
		261-032-11	氯乙烯单体生产过程中蒸馏产生的重馏分	T
		261-033-11	1,1,1-三氯乙烷生产过程中蒸汽汽提塔产生的残余物	T
		261-034-11	1,1,1-三氯乙烷生产过程中蒸馏产生的重馏分	T
		261-035-11	三氯乙烯和四氯乙烯联合生产过程中产生的重馏分	T
		261-100-11	苯和丙烯生产苯酚和丙酮过程中产生的重馏分	T

续表

废物类别	行业来源	废物代码	危险废物	危险特性
HW11 精（蒸）馏残渣	基础化学原料制造	261-101-11	苯泵式消化生产硝基苯过程中产生的重馏分	T
		261-102-11	铁粉还原硝基苯生产苯胺过程中产生的重馏分	T
		261-103-11	苯胺、乙酸酐或乙酰苯胺为原料生产对硝基苯胺过程中产生的重馏分	T
		261-104-11	对氯苯胺氨解生产对硝基苯胺过程中产生的重馏分	T
		261-105-11	氨化法、还原法生产邻苯二胺过程中产生的重馏分	T
		261-106-11	苯和乙烯直接催化、乙苯和丙烯共氧化、乙苯催化脱氢生产苯乙烯过程中产生的重馏分	T
		261-107-11	二硝基甲苯还原催化生产甲苯二胺过程中产生的重馏分	T
		261-108-11	对苯二酚氧化生产二甲氧基苯胺过程中产生的重馏分	T
		261-109-11	萘磺化生产萘酚过程中产生的重馏分	T
		261-110-11	苯酚、三甲苯水解生产4,4'-二羟基二苯砜过程中产生的重馏分	T
		261-111-11	甲苯硝基化合物羰基化法、甲苯碳酸二甲酯法生产甲苯二异氰酸酯过程中产生的重馏分	T

续表

废物类别	行业来源	废物代码	危险废物	危险特性
HW11 精（蒸）馏残渣	基础化学原料制造	261-112-11	苯直接氯化生产氯苯过程中产生的重馏分	T
		261-113-11	乙烯直接氯化生产二氯乙烷过程中产生的重馏分	T
		261-114-11	甲烷氯化生产甲烷氯化物过程中产生的重馏分	T
		261-115-11	甲醇氯化生产甲烷氯化物过程中产生的釜底残液	T
		261-116-11	乙烯氯醇法、氧化法生产环氧乙烷过程中产生的重馏分	T
		261-117-11	乙炔气相合成、氧氯化生产氯乙烯过程中产生的重馏分	T
		261-118-11	乙烯直接氯化生产三氯乙烯、四氯乙烯过程中产生的重馏分	T
		261-119-11	乙烯氧氯化法生产三氯乙烯、四氯乙烯过程中产生的重馏分	T
		261-120-11	甲苯光气法生产苯甲酰氯产品精制过程中产生的重馏分	T
		261-121-11	甲苯苯甲酸法生产苯甲酰氯产品精制过程中产生的重馏分	T
		261-122-11	甲苯连续光氯化法、无光热氯化法生产氯化苄过程中产生的重馏分	T

续表

废物类别	行业来源	废物代码	危险废物	危险特性
HW11 精（蒸）馏残渣	基础化学原料制造	261-123-11	偏二氯乙烯氢氯化法生产1,1,1-三氯乙烷过程中产生的重馏分	T
		261-124-11	醋酸丙烯酯法生产环氧氯丙烷过程中产生的重馏分	T
		261-125-11	异戊烷（异戊烯）脱氢法生产异戊二烯过程中产生的重馏分	T
		261-126-11	化学合成法生产异戊二烯过程中产生的重馏分	T
		261-127-11	碳五馏分分离生产异戊二烯过程中产生的重馏分	T
		261-128-11	合成气加压催化生产甲醇过程中产生的重馏分	T
		261-129-11	水合法、发酵法生产乙醇过程中产生的重馏分	T
		261-130-11	环氧乙烷直接水合生产乙二醇过程中产生的重馏分	T
		261-131-11	乙醛缩合加氢生产丁二醇过程中产生的重馏分	T
		261-132-11	乙醛氧化生产醋酸蒸馏过程中产生的重馏分	T
		261-133-11	丁烷液相氧化生产醋酸过程中产生的重馏分	T
		261-134-11	电石乙炔法生产醋酸乙烯酯过程中产生的重馏分	T

续表

废物类别	行业来源	废物代码	危险废物	危险特性
HW11 精（蒸）馏残渣	基础化学原料制造	261-135-11	氢氰酸法生产原甲酸三甲酯过程中产生的重馏分	T
		261-136-11	β-苯胺乙醇法生产靛蓝过程中产生的重馏分	T
	常用有色金属冶炼	321-001-11	有色金属火法冶炼过程中产生的焦油状残余物	T
	环境治理	772-001-11	废矿物油再生过程中产生的酸焦油	T
	非特定行业	900-013-11	其他精炼、蒸馏和热解处理过程中产生的焦油状残余物	T
HW12 染料、涂料废物	涂料、油墨、颜料及类似产品制造	264-002-12	铬黄和铬橙颜料生产过程中产生的废水处理污泥	T
		264-003-12	钼酸橙颜料生产过程中产生的废水处理污泥	T
		264-004-12	锌黄颜料生产过程中产生的废水处理污泥	T
		264-005-12	铬绿颜料生产过程中产生的废水处理污泥	T
		264-006-12	氧化铬绿颜料生产过程中产生的废水处理污泥	T
		264-007-12	氧化铬绿颜料生产过程中烘干产生的残渣	T
		264-008-12	铁蓝颜料生产过程中产生的废水处理污泥	T
		264-009-12	使用含铬、铅的稳定剂配制油墨过程中，设备清洗产生的洗涤废液和废水处理污泥	T

续表

废物类别	行业来源	废物代码	危险废物	危险特性
HW12 染料、涂料废物	涂料、油墨、颜料及类似产品制造	264-010-12	油墨的生产、配制过程中产生的废蚀刻液	T
		264-011-12	其他油墨、染料、颜料、油漆（不包括水性漆）生产过程中产生的废母液、残渣、中间体废物	T
		264-012-12	其他油墨、染料、颜料、油漆（不包括水性漆）生产过程中产生的废水处理污泥、废吸附剂	T
		264-013-12	油漆、油墨生产、配制和使用过程中产生的含颜料、油墨的有机溶剂废物	T
	纸浆制造	221-001-12	废纸回收利用处理过程中产生的脱墨渣	T
	非特定行业	900-250-12	使用有机溶剂、光漆进行光漆涂布、喷漆工艺过程中产生的废物	T, I
		900-251-12	使用油漆（不包括水性漆）、有机溶剂进行阻挡层涂敷过程中产生的废物	T, I
		900-252-12	使用油漆（不包括水性漆）、有机溶剂进行喷漆、上漆过程中产生的废物	T, I
		900-253-12	使用油墨和有机溶剂进行丝网印刷过程中产生的废物	T, I

续表

废物类别	行业来源	废物代码	危险废物	危险特性
HW12 染料、涂料废物	非特定行业	900-254-12	使用遮盖油、有机溶剂进行遮盖油的涂敷过程中产生的废物	T, I
		900-255-12	使用各种颜料进行着色过程中产生的废颜料	T
		900-256-12	使用酸、碱或有机溶剂清洗容器设备过程中剥离下的废油漆、染料、涂料	T
		900-299-12	生产、销售及使用过程中产生的失效、变质、不合格、淘汰、伪劣的油墨、染料、颜料、油漆	T
HW13 有机树脂类废物	合成材料制造	265-101-13	树脂、乳胶、增塑剂、胶水/胶合剂生产过程中产生的不合格产品	T
		265-102-13	树脂、乳胶、增塑剂、胶水/胶合剂生产过程中合成、酯化、缩合等工序产生的废母液	T
		265-103-13	树脂、乳胶、增塑剂、胶水/胶合剂生产过程中精馏、分离、精制等工序产生的釜底残液、废过滤介质和残渣	T
		265-104-13	树脂、乳胶、增塑剂、胶水/胶合剂生产过程中产生的废水处理污泥（不包括废水生化处理污泥）	T

续表

废物类别	行业来源	废物代码	危险废物	危险特性
HW13 有机树脂类废物	非特定行业	900-014-13	废弃的粘合剂和密封剂	T
		900-015-13	废弃的离子交换树脂	T
		900-016-13	使用酸、碱或有机溶剂清洗容器设备剥离下的树脂状、粘稠杂物	T
		900-451-13	废覆铜板、印刷线路板、电路板破碎分选回收金属后产生的废树脂粉	T
HW14 新化学物质废物	非特定行业	900-017-14	研究、开发和教学活动中产生的对人类或环境影响不明的化学物质废物	T/C/I/R
HW15 爆炸性废物	炸药、火工及焰火产品制造	267-001-15	炸药生产和加工过程中产生的废水处理污泥	R
		267-002-15	含爆炸品废水处理过程中产生的废活性炭	R
		267-003-15	生产、配制和装填铅基起爆药剂过程中产生的废水处理污泥	T, R
		267-004-15	三硝基甲苯生产过程中产生的粉红水、红水,以及废水处理污泥	R
	非特定行业	900-018-15	报废机动车拆解后收集的未引爆的安全气囊	R

续表

废物类别	行业来源	废物代码	危险废物	危险特性
HW16 感光材料废物	专用化学产品制造	266-009-16	显(定)影剂、正负胶片、像纸、感光材料生产过程中产生的不合格产品和过期产品	T
		266-010-16	显(定)影剂、正负胶片、像纸、感光材料生产过程中产生的残渣及废水处理污泥	T
	印刷	231-001-16	使用显影剂进行胶卷显影,定影剂进行胶卷定影,以及使用铁氰化钾、硫代硫酸盐进行影像减薄(漂白)产生的废显(定)影剂、胶片及废像纸	T
		231-002-16	使用显影剂进行印刷显影、抗蚀图形显影,以及凸版印刷产生的废显(定)影剂、胶片及废像纸	T
	电子元件制造	397-001-16	使用显影剂、氢氧化物、偏亚硫酸氢盐、醋酸进行胶卷显影产生的废显(定)影剂、胶片及废像纸	T
	电影	863-001-16	电影厂产生的废显(定)影剂、胶片及废像纸	T
	其他专业技术服务业	749-001-16	摄影扩印服务行业产生的废显(定)影剂、胶片及废像纸	T
	非特定行业	900-019-16	其他行业产生的废显(定)影剂、胶片及废像纸	T

续表

废物类别	行业来源	废物代码	危险废物	危险特性
HW17 表面处理废物	金属表面处理及热处理加工	336-050-17	使用氯化亚锡进行敏化处理产生的废渣和废水处理污泥	T
		336-051-17	使用氯化锌、氯化铵进行敏化处理产生的废渣和废水处理污泥	T
		336-052-17	使用锌和电镀化学品进行镀锌产生的废槽液、槽渣和废水处理污泥	T
		336-053-17	使用镉和电镀化学品进行镀镉产生的废槽液、槽渣和废水处理污泥	T
		336-054-17	使用镍和电镀化学品进行镀镍产生的废槽液、槽渣和废水处理污泥	T
		336-055-17	使用镀镍液进行镀镍产生的废槽液、槽渣和废水处理污泥	T
		336-056-17	使用硝酸银、碱、甲醛进行敷金属法镀银产生的废槽液、槽渣和废水处理污泥	T
		336-057-17	使用金和电镀化学品进行镀金产生的废槽液、槽渣和废水处理污泥	T
		336-058-17	使用镀铜液进行化学镀铜产生的废槽液、槽渣和废水处理污泥	T

— 85 —

续表

废物类别	行业来源	废物代码	危险废物	危险特性
HW17表面处理废物	金属表面处理及热处理加工	336-059-17	使用钯和锡盐进行活化处理产生的废渣和废水处理污泥	T
		336-060-17	使用铬和电镀化学品进行镀黑铬产生的废槽液、槽渣和废水处理污泥	T
		336-061-17	使用高锰酸钾进行钻孔除胶处理产生的废渣和废水处理污泥	T
		336-062-17	使用铜和电镀化学品进行镀铜产生的废槽液、槽渣和废水处理污泥	T
		336-063-17	其他电镀工艺产生的废槽液、槽渣和废水处理污泥	T
		336-064-17	金属和塑料表面酸（碱）洗、除油、除锈、洗涤、磷化、出光、化抛工艺产生的废腐蚀液、废洗涤液、废槽液、槽渣和废水处理污泥	T/C
		336-066-17	镀层剥除过程中产生的废液、槽渣及废水处理污泥	T
		336-067-17	使用含重铬酸盐的胶体、有机溶剂、黏合剂进行漩流式抗蚀涂布产生的废渣及废水处理污泥	T
		336-068-17	使用铬化合物进行抗蚀层化学硬化产生的废渣及废水处理污泥	T

续表

废物类别	行业来源	废物代码	危险废物	危险特性
HW17 表面处理废物	金属表面处理及热处理加工	336-069-17	使用铬酸镀铬产生的废槽液、槽渣和废水处理污泥	T
		336-101-17	使用铬酸进行塑料表面粗化产生的废槽液、槽渣和废水处理污泥	T
HW18 焚烧处置残渣	环境治理业	772-002-18	生活垃圾焚烧飞灰	T
		772-003-18	危险废物焚烧、热解等处置过程产生的底渣、飞灰和废水处理污泥（医疗废物焚烧处置产生的底渣除外）	T
		772-004-18	危险废物等离子体、高温熔融等处置过程产生的非玻璃态物质和飞灰	T
		772-005-18	固体废物焚烧过程中废气处理产生的废活性炭	T
HW19 含金属羰基化合物废物	非特定行业	900-020-19	金属羰基化合物生产、使用过程中产生的含有羰基化合物成分的废物	T
HW20 含铍废物	基础化学原料制造	261-040-20	铍及其化合物生产过程中产生的熔渣、集（除）尘装置收集的粉尘和废水处理污泥	T
HW21 含铬废物	毛皮鞣制及制品加工	193-001-21	使用铬鞣剂进行铬鞣、复鞣工艺产生的废水处理污泥	T

续表

废物类别	行业来源	废物代码	危险废物	危险特性
HW21 含铬废物	毛皮鞣制及制品加工	193-002-21	皮革切削工艺产生的含铬皮革废碎料	T
	基础化学原料制造	261-041-21	铬铁矿生产铬盐过程中产生的铬渣	T
		261-042-21	铬铁矿生产铬盐过程中产生的铝泥	T
		261-043-21	铬铁矿生产铬盐过程中产生的芒硝	T
		261-044-21	铬铁矿生产铬盐过程中产生的废水处理污泥	T
		261-137-21	铬铁矿生产铬盐过程中产生的其他废物	T
		261-138-21	以重铬酸钠和浓硫酸为原料生产铬酸酐过程中产生的含铬废液	T
	铁合金冶炼	315-001-21	铬铁硅合金生产过程中集（除）尘装置收集的粉尘	T
		315-002-21	铁铬合金生产过程中集（除）尘装置收集的粉尘	T
		315-003-21	铁铬合金生产过程中金属铬冶炼产生的铬浸出渣	T
	金属表面处理及热处理加工	336-100-21	使用铬酸进行阳极氧化产生的废槽液、槽渣及废水处理污泥	T
	电子元件制造	397-002-21	使用铬酸进行钻孔除胶处理产生的废渣和废水处理污泥	T

续表

废物类别	行业来源	废物代码	危险废物	危险特性
HW22 含铜废物	玻璃制造	304-001-22	使用硫酸铜进行敷金属法镀铜产生的废槽液、槽渣及废水处理污泥	T
	常用有色金属冶炼	321-101-22	铜火法冶炼烟气净化产生的收尘渣、压滤渣	T
		321-102-22	铜火法冶炼电除雾除尘产生的废水处理污泥	T
	电子元件制造	397-004-22	线路板生产过程中产生的废蚀铜液	T
		397-005-22	使用酸进行铜氧化处理产生的废液及废水处理污泥	T
		397-051-22	铜板蚀刻过程中产生的废蚀刻液及废水处理污泥	T
HW23 含锌废物	金属表面处理及热处理加工	336-103-23	热镀锌过程中产生的废熔剂、助熔剂和集（除）尘装置收集的粉尘	T
	电池制造	384-001-23	碱性锌锰电池、锌氧化银电池、锌空气电池生产过程中产生的废锌浆	T
	非特定行业	900-021-23	使用氢氧化钠、锌粉进行贵金属沉淀过程中产生的废液及废水处理污泥	T
HW24 含砷废物	基础化学原料制造	261-139-24	硫铁矿制酸过程中烟气净化产生的酸泥	T

续表

废物类别	行业来源	废物代码	危险废物	危险特性
HW25 含硒废物	基础化学原料制造	261-045-25	硒及其化合物生产过程中产生的熔渣、集（除）尘装置收集的粉尘和废水处理污泥	T
HW26 含镉废物	电池制造	384-002-26	镍镉电池生产过程中产生的废渣和废水处理污泥	T
HW27 含锑废物	基础化学原料制造	261-046-27	锑金属及粗氧化锑生产过程中产生的熔渣和集（除）尘装置收集的粉尘	T
		261-048-27	氧化锑生产过程中产生的熔渣	T
HW28 含碲废物	基础化学原料制造	261-050-28	碲及其化合物生产过程中产生的熔渣、集（除）尘装置收集的粉尘和废水处理污泥	T
HW29 含汞废物	天然气开采	072-002-29	天然气除汞净化过程中产生的含汞废物	T
	常用有色金属矿采选	091-003-29	汞矿采选过程中产生的尾砂和集（除）尘装置收集的粉尘	T
	贵金属矿采选	092-002-29	混汞法提金工艺产生的含汞粉尘、残渣	T
	印刷	231-007-29	使用显影剂、汞化合物进行影像加厚（物理沉淀）以及使用显影剂、氨氯化汞进行影像加厚（氧化）产生的废液及残渣	T

续表

废物类别	行业来源	废物代码	危险废物	危险特性
HW29 含汞废物	基础化学原料制造	261-051-29	水银电解槽法生产氯气过程中盐水精制产生的盐水提纯污泥	T
		261-052-29	水银电解槽法生产氯气过程中产生的废水处理污泥	T
		261-053-29	水银电解槽法生产氯气过程中产生的废活性炭	T
		261-054-29	卤素和卤素化学品生产过程中产生的含汞硫酸钡污泥	T
	合成材料制造	265-001-29	氯乙烯生产过程中含汞废水处理产生的废活性炭	T, C
		265-002-29	氯乙烯生产过程中吸附汞产生的废活性炭	T, C
		265-003-29	电石乙炔法聚氯乙烯生产过程中产生的废酸	T, C
		265-004-29	电石乙炔法生产氯乙烯单体过程中产生的废水处理污泥	T
	常用有色金属冶炼	321-103-29	铜、锌、铅冶炼过程中烟气制酸产生的废甘汞,烟气净化产生的废酸及废酸处理污泥	T
	电池制造	384-003-29	含汞电池生产过程中产生的含汞废浆层纸、含汞废锌膏、含汞废活性炭和废水处理污泥	T
	照明器具制造	387-001-29	含汞电光源生产过程中产生的废荧光粉和废活性炭	T

续表

废物类别	行业来源	废物代码	危险废物	危险特性
HW29 含汞废物	通用仪器仪表制造	401-001-29	含汞温度计生产过程中产生的废渣	T
	非特定行业	900-022-29	废弃的含汞催化剂	T
		900-023-29	生产、销售及使用过程中产生的废含汞荧光灯管及其他废含汞电光源	T
		900-024-29	生产、销售及使用过程中产生的废含汞温度计、废含汞血压计、废含汞真空表和废含汞压力计	T
		900-452-29	含汞废水处理过程中产生的废树脂、废活性炭和污泥	T
HW30 含铊废物	基础化学原料制造	261-055-30	铊及其化合物生产过程中产生的熔渣、集（除）尘装置收集的粉尘和废水处理污泥	T
HW31 含铅废物	玻璃制造	304-002-31	使用铅盐和铅氧化物进行显像管玻璃熔炼过程中产生的废渣	T
	电子元件制造	397-052-31	线路板制造过程中电镀铅锡合金产生的废液	T
	炼钢	312-001-31	电炉炼钢过程中集（除）尘装置收集的粉尘和废水处理污泥	TQ
	电池制造	384-004-31	铅蓄电池生产过程中产生的废渣、集（除）尘装置收集的粉尘和废水处理污泥	T

续表

废物类别	行业来源	废物代码	危险废物	危险特性
HW31 含铅废物	工艺美术品制造	243-001-31	使用铅箔进行烤钵试金法工艺产生的废烤钵	T
	废弃资源综合利用	421-001-31	废铅蓄电池拆解过程中产生的废铅板、废铅膏和酸液	T
	非特定行业	900-025-31	使用硬脂酸铅进行抗黏涂层过程中产生的废物	T
HW32 无机氟化物废物	非特定行业	900-026-32	使用氢氟酸进行蚀刻产生的废蚀刻液	T, C
HW33 无机氰化物废物	贵金属矿采选	092-003-33	采用氰化物进行黄金选矿过程中产生的氰化尾渣和含氰废水处理污泥	T
	金属表面处理及热处理加工	336-104-33	使用氰化物进行浸洗过程中产生的废液	R, T
	非特定行业	900-027-33	使用氰化物进行表面硬化、碱性除油、电解除油产生的废物	R, T
		900-028-33	使用氰化物剥落金属镀层产生的废物	R, T
		900-029-33	使用氰化物和双氧水进行化学抛光产生的废物	R, T

续表

废物类别	行业来源	废物代码	危险废物	危险特性
HW34 废酸	精炼石油产品制造	251-014-34	石油炼制过程产生的废酸及酸泥	C
	涂料、油墨、颜料及类似产品制造	264-013-34	硫酸法生产钛白粉（二氧化钛）过程中产生的废酸	C
	基础化学原料制造	261-057-34	硫酸和亚硫酸、盐酸、氢氟酸、磷酸和亚磷酸、硝酸和亚硝酸等的生产、配制过程中产生的废酸及酸渣	C
		261-058-34	卤素和卤素化学品生产过程中产生的废酸	C
	钢压延加工	314-001-34	钢的精加工过程中产生的废酸性洗液	C，T
	金属表面处理及热处理加工	336-105-34	青铜生产过程中浸酸工序产生的废酸液	C
	电子元件制造	397-005-34	使用酸进行电解除油、酸蚀、活化前表面敏化、催化、浸亮产生的废酸液	C
		397-006-34	使用硝酸进行钻孔蚀胶处理产生的废酸液	C
		397-007-34	液晶显示板或集成电路板的生产过程中使用酸浸蚀剂进行氧化物浸蚀产生的废酸液	C

续表

废物类别	行业来源	废物代码	危险废物	危险特性
HW34 废酸	非特定行业	900-300-34	使用酸进行清洗产生的废酸液	C
		900-301-34	使用硫酸进行酸性碳化产生的废酸液	C
		900-302-34	使用硫酸进行酸蚀产生的废酸液	C
		900-303-34	使用磷酸进行磷化产生的废酸液	C
		900-304-34	使用酸进行电解除油、金属表面敏化产生的废酸液	C
		900-305-34	使用硝酸剥落不合格镀层及挂架金属镀层产生的废酸液	C
		900-306-34	使用硝酸进行钝化产生的废酸液	C
		900-307-34	使用酸进行电解抛光处理产生的废酸液	C
		900-308-34	使用酸进行催化（化学镀）产生的废酸液	C
		900-349-34	生产、销售及使用过程中产生的失效、变质、不合格、淘汰、伪劣的强酸性擦洗粉、清洁剂、污迹去除剂以及其他废酸液及酸渣	C
HW35 废碱	精炼石油产品制造	251-015-35	石油炼制过程产生的废碱液及碱渣	C, T

— 95 —

续表

废物类别	行业来源	废物代码	危险废物	危险特性
HW35 废碱	基础化学原料制造	261-059-35	氢氧化钙、氨水、氢氧化钠、氢氧化钾等的生产、配制中产生的废碱液、固态碱及碱渣	C
	毛皮鞣制及制品加工	193-003-35	使用氢氧化钙、硫化钠进行浸灰产生的废碱液	C
	纸浆制造	221-002-35	碱法制浆过程中蒸煮制浆产生的废碱液	C，T
	非特定行业	900-350-35	使用氢氧化钠进行煮炼过程中产生的废碱液	C
		900-351-35	使用氢氧化钠进行丝光处理过程中产生的废碱液	C
		900-352-35	使用碱进行清洗产生的废碱液	C
		900-353-35	使用碱进行清洗除蜡、碱性除油、电解除油产生的废碱液	C
		900-354-35	使用碱进行电镀阻挡层或抗蚀层的脱除产生的废碱液	C
		900-355-35	使用碱进行氧化膜浸蚀产生的废碱液	C
		900-356-35	使用碱溶液进行碱性清洗、图形显影产生的废碱液	C

续表

废物类别	行业来源	废物代码	危险废物	危险特性
HW35 废碱	非特定 行业	900-399-35	生产、销售及使用过程中产生的失效、变质、不合格、淘汰、伪劣的强碱性擦洗粉、清洁剂、污迹去除剂以及其他废碱液、固态碱及碱渣	C
HW36 石棉废物	石棉及其他非金属矿采选	109-001-36	石棉矿选矿过程中产生的废渣	T
	基础化学原料制造	261-060-36	卤素和卤素化学品生产过程中电解装置拆换产生的含石棉废物	T
	石膏、水泥制品及类似制品制造	302-001-36	石棉建材生产过程中产生的石棉尘、废石棉	T
	耐火材料制品制造	308-001-36	石棉制品生产过程中产生的石棉尘、废石棉	T
	汽车零部件及配件制造	366-001-36	车辆制动器衬片生产过程中产生的石棉废物	T
	船舶及相关装置制造	373-002-36	拆船过程中产生的石棉废物	T
	非特定 行业	900-030-36	其他生产过程中产生的石棉废物	T
		900-031-36	含有石棉的废绝缘材料、建筑废物	T

续表

废物类别	行业来源	废物代码	危险废物	危险特性
HW36 石棉废物	非特定行业	900-032-36	含有隔膜、热绝缘体等石棉材料的设施保养拆换及车辆制动器衬片的更换产生的石棉废物	T
HW37 有机磷化合物废物	基础化学原料制造	261-061-37	除农药以外其他有机磷化合物生产、配制过程中产生的反应残余物	T
	基础化学原料制造	261-062-37	除农药以外其他有机磷化合物生产、配制过程中产生的废过滤吸附介质	T
	基础化学原料制造	261-063-37	除农药以外其他有机磷化合物生产过程中产生的废水处理污泥	T
	非特定行业	900-033-37	生产、销售及使用过程中产生的废弃磷酸酯抗燃油	T
HW38 有机氰化物废物	基础化学原料制造	261-064-38	丙烯腈生产过程中废水汽提器塔底的残余物	R, T
	基础化学原料制造	261-065-38	丙烯腈生产过程中乙腈蒸馏塔底的残余物	R, T
	基础化学原料制造	261-066-38	丙烯腈生产过程中乙腈精制塔底的残余物	T
	基础化学原料制造	261-067-38	有机氰化物生产过程中产生的废母液及反应残余物	T
	基础化学原料制造	261-068-38	有机氰化物生产过程中催化、精馏和过滤工序产生的废催化剂、釜底残余物和过滤介质	T

续表

废物类别	行业来源	废物代码	危险废物	危险特性
HW38 有机氰化 物废物	基础化学 原料制造	261-069-38	有机氰化物生产过程中产生的废水处理污泥	T
		261-140-38	废腈纶高温高压水解生产聚丙烯腈-铵盐过程中产生的过滤残渣	T
HW39 含酚废物	基础化学 原料制造	261-070-39	酚及酚类化合物生产过程中产生的废母液和反应残余物	T
		261-071-39	酚及酚类化合物生产过程中产生的废过滤吸附介质、废催化剂、精馏残余物	T
HW40 含醚废物	基础化学 原料制造	261-072-40	醚及醚类化合物生产过程中产生的醚类残液、反应残余物、废水处理污泥（不包括废水生化处理污泥）	T
HW45 含有机卤 化物废物	基础化学 原料制造	261-078-45	乙烯溴化法生产二溴乙烯过程中废气净化产生的废液	T
		261-079-45	乙烯溴化法生产二溴乙烯过程中产品精制产生的废吸附剂	T
		261-080-45	芳烃及其衍生物氯代反应过程中氯气和盐酸回收工艺产生的废液和废吸附剂	T
		261-081-45	芳烃及其衍生物氯代反应过程中产生的废水处理污泥	T

续表

废物类别	行业来源	废物代码	危险废物	危险特性
HW45 含有机卤化物废物	基础化学原料制造	261-082-45	氯乙烷生产过程中的塔底残余物	T
		261-084-45	其他有机卤化物的生产过程中产生的残液、废过滤吸附介质、反应残余物、废水处理污泥、废催化剂（不包括上述 HW06、HW39 类别的废物）	T
		261-085-45	其他有机卤化物的生产过程中产生的不合格、淘汰、废弃的产品（不包括上述 HW06、HW39 类别的废物）	T
		261-086-45	石墨作阳极隔膜法生产氯气和烧碱过程中产生的废水处理污泥	T
	非特定行业	900-036-45	其他生产、销售及使用过程中产生的含有机卤化物废物（不包括 HW06 类）	T
HW46 含镍废物	基础化学原料制造	261-087-46	镍化合物生产过程中产生的反应残余物及不合格、淘汰、废弃的产品	T
	电池制造	394-005-46	镍氢电池生产过程中产生的废渣和废水处理污泥	T
	非特定行业	900-037-46	废弃的镍催化剂	T

续表

废物类别	行业来源	废物代码	危险废物	危险特性
HW47 含钡废物	基础化学原料制造	261-088-47	钡化合物（不包括硫酸钡）生产过程中产生的熔渣、集（除）尘装置收集的粉尘、反应残余物、废水处理污泥	T
	金属表面处理及热处理加工	336-106-47	热处理工艺中产生的含钡盐浴渣	T
HW48 有色金属冶炼废物	常用有色金属矿采选	091-001-48	硫化铜矿、氧化铜矿等铜矿物采选过程中集（除）尘装置收集的粉尘	T
		091-002-48	硫砷化合物（雌黄、雄黄及硫砷铁矿）或其他含砷化合物的金属矿石采选过程中集（除）尘装置收集的粉尘	T
	常用有色金属冶炼	321-002-48	铜火法冶炼过程中集（除）尘装置收集的粉尘和废水处理污泥	T
		321-003-48	粗锌精炼加工过程中产生的废水处理污泥	T
		321-004-48	铅锌冶炼过程中，锌焙烧矿常规浸出法产生的浸出渣	T
		321-005-48	铅锌冶炼过程中，锌焙烧矿热酸浸出黄钾铁矾法产生的铁矾渣	T
		321-006-48	硫化锌矿常压氧浸或加压氧浸产生的硫渣（浸出渣）	T
		321-007-48	铅锌冶炼过程中，锌焙烧矿热酸浸出针铁矿法产生的针铁矿渣	T

续表

废物类别	行业来源	废物代码	危险废物	危险特性
HW48 有色金属 冶炼废物	常用有色金属冶炼	321-008-48	铅锌冶炼过程中，锌浸出液净化产生的净化渣，包括锌粉-黄药法、砷盐法、反向锑盐法、铅锑合金锌粉法等工艺除铜、锑、镉、钴、镍等杂质过程中产生的废渣	T
		321-009-48	铅锌冶炼过程中，阴极锌熔铸产生的熔铸浮渣	T
		321-010-48	铅锌冶炼过程中，氧化锌浸出处理产生的氧化锌浸出渣	T
		321-011-48	铅锌冶炼过程中，鼓风炉炼锌锌蒸气冷凝分离系统产生的鼓风炉浮渣	T
		321-012-48	铅锌冶炼过程中，锌精馏炉产生的锌渣	T
		321-013-48	铅锌冶炼过程中，提取金、银、铋、镉、钴、铟、锗、铊、碲等金属过程中产生的废渣	T
		321-014-48	铅锌冶炼过程中，集（除）尘装置收集的粉尘	T
		321-016-48	粗铅精炼过程中产生的浮渣和底渣	T
		321-017-48	铅锌冶炼过程中，炼铅鼓风炉产生的黄渣	T
		321-018-48	铅锌冶炼过程中，粗铅火法精炼产生的精炼渣	T

续表

废物类别	行业来源	废物代码	危险废物	危险特性
HW48 有色金属冶炼废物	常用有色金属冶炼	321-019-48	铅锌冶炼过程中，铅电解产生的阳极泥及阳极泥处理后产生的含铅废渣和废水处理污泥	T
		321-020-48	铅锌冶炼过程中，阴极铅精炼产生的氧化铅渣及碱渣	T
		321-021-48	铅锌冶炼过程中，锌焙烧矿热酸浸出黄钾铁矾法、热酸浸出针铁矿法产生的铅银渣	T
		321-022-48	铅锌冶炼过程中产生的废水处理污泥	T
		321-023-48	电解铝过程中电解槽维修及废弃产生的废渣	T
		321-024-48	铝火法冶炼过程中产生的初炼炉渣	T
		321-025-48	电解铝过程中产生的盐渣、浮渣	T
		321-026-48	铝火法冶炼过程中产生的易燃性撇渣	I
		321-027-48	铜再生过程中集（除）尘装置收集的粉尘和废水处理污泥	T
		321-028-48	锌再生过程中集（除）尘装置收集的粉尘和废水处理污泥	T
		321-029-48	铅再生过程中集（除）尘装置收集的粉尘和废水处理污泥	T
		321-030-48	汞再生过程中集（除）尘装置收集的粉尘和废水处理污泥	T

续表

废物类别	行业来源	废物代码	危险废物	危险特性
HW48 有色金属 冶炼废物	稀有稀土 金属冶炼	323-001-48	仲钨酸铵生产过程中碱分解产生的碱煮渣（钨渣）、除钼过程中产生的除钼渣和废水处理污泥	T
HW49 其他废物	石墨及其他非金属矿物制品制造	309-001-49	多晶硅生产过程中废弃的三氯化硅和四氯化硅	R/C
	非特定行业	900-039-49	化工行业生产过程中产生的废活性炭	T
		900-040-49	无机化工行业生产过程中集（除）尘装置收集的粉尘	T
		900-041-49	含有或沾染毒性、感染性危险废物的废弃包装物、容器、过滤吸附介质	T/In
		900-042-49	由危险化学品、危险废物造成的突发环境事件及其处理过程中产生的废物	T/C/I/ R/In
		900-044-49	废弃的铅蓄电池、镉镍电池、氧化汞电池、汞开关、荧光粉和阴极射线管	T
		900-045-49	废电路板（包括废电路板上附带的元器件、芯片、插件、贴脚等）	T
		900-046-49	离子交换装置再生过程中产生的废水处理污泥	T
		900-047-49	研究、开发和教学活动中，化学和生物实验室产生的废物（不包括HW03、900-999-49）	T/C/I/R

续表

废物类别	行业来源	废物代码	危险废物	危险特性
HW49 其他废物	非特定行业	900-999-49	未经使用而被所有人抛弃或者放弃的;淘汰、伪劣、过期、失效的;有关部门依法收缴以及接收的公众上交的危险化学品	T
HW50 废催化剂	精炼石油产品制造	251-016-50	石油产品加氢精制过程中产生的废催化剂	T
		251-017-50	石油产品催化裂化过程中产生的废催化剂	T
		251-018-50	石油产品加氢裂化过程中产生的废催化剂	T
		251-019-50	石油产品催化重整过程中产生的废催化剂	T
	基础化学原料制造	261-151-50	树脂、乳胶、增塑剂、胶水/胶合剂生产过程中合成、酯化、缩合等工序产生的废催化剂	T
		261-152-50	有机溶剂生产过程中产生的废催化剂	T
		261-153-50	丙烯腈合成过程中产生的废催化剂	T
		261-154-50	聚乙烯合成过程中产生的废催化剂	T
		261-155-50	聚丙烯合成过程中产生的废催化剂	T
		261-156-50	烷烃脱氢过程中产生的废催化剂	T

续表

废物类别	行业来源	废物代码	危险废物	危险特性
HW50 废催化剂	基础化学 原料制造	261-157-50	乙苯脱氢生产苯乙烯过程中产生的废催化剂	T
		261-158-50	采用烷基化反应（歧化）生产苯、二甲苯过程中产生的废催化剂	T
		261-159-50	二甲苯临氢异构化反应过程中产生的废催化剂	T
		261-160-50	乙烯氧化生产环氧乙烷过程中产生的废催化剂	T
		261-161-50	硝基苯催化加氢法制备苯胺过程中产生的废催化剂	T
		261-162-50	乙烯和丙烯为原料，采用茂金属催化体系生产乙丙橡胶过程中产生的废催化剂	T
		261-163-50	乙炔法生产醋酸乙烯酯过程中产生的废催化剂	T
		261-164-50	甲醇和氨气催化合成、蒸馏制备甲胺过程中产生的废催化剂	T
		261-165-50	催化重整生产高辛烷值汽油和轻芳烃过程中产生的废催化剂	T
		261-166-50	采用碳酸二甲酯法生产甲苯二异氰酸酯过程中产生的废催化剂	T

续表

废物类别	行业来源	废物代码	危险废物	危险特性
HW50 废催化剂	基础化学原料制造	261-167-50	合成气合成、甲烷氧化和液化石油气氧化生产甲醇过程中产生的废催化剂	T
		261-168-50	甲苯氯化水解生产邻甲酚过程中产生的废催化剂	T
		261-169-50	异丙苯催化脱氢生产α-甲基苯乙烯过程中产生的废催化剂	T
		261-170-50	异丁烯和甲醇催化生产甲基叔丁基醚过程中产生的废催化剂	T
		261-171-50	甲醇空气氧化法生产甲醛过程中产生的废催化剂	T
		261-172-50	邻二甲苯氧化法生产邻苯二甲酸酐过程中产生的废催化剂	T
		261-173-50	二氧化硫氧化生产硫酸过程中产生的废催化剂	T
		261-174-50	四氯乙烷催化脱氯化氢生产三氯乙烯过程中产生的废催化剂	T
		261-175-50	苯氧化法生产顺丁烯二酸酐过程中产生的废催化剂	T
		261-176-50	甲苯空气氧化生产苯甲酸过程中产生的废催化剂	T

续表

废物类别	行业来源	废物代码	危险废物	危险特性
HW50 废催化剂	基础化学原料制造	261-177-50	羟丙腈氨化、加氢生产3-氨基-1-丙醇过程中产生的废催化剂	T
		261-178-50	β-羟基丙腈催化加氢生产3-氨基-1-丙醇过程中产生的废催化剂	T
		261-179-50	甲乙酮与氨催化加氢生产2-氨基丁烷过程中产生的废催化剂	T
		261-180-50	苯酚和甲醇合成2,6-二甲基苯酚过程中产生的废催化剂	T
		261-181-50	糠醛脱羰制备呋喃过程中产生的废催化剂	T
		261-182-50	过氧化法生产环氧丙烷过程中产生的废催化剂	T
		261-183-50	除农药以外其他有机磷化合物生产过程中产生的废催化剂	T
	农药制造	263-013-50	农药生产过程中产生的废催化剂	T
	化学药品原料药制造	271-006-50	化学合成原料药生产过程中产生的废催化剂	T
	兽用药品制造	275-009-50	兽药生产过程中产生的废催化剂	T

续表

废物类别	行业来源	废物代码	危险废物	危险特性
HW50 废催化剂	生物药品制造	276-006-50	生物药品生产过程中产生的废催化剂	T
	环境治理	772-007-50	烟气脱硝过程中产生的废钒钛系催化剂	T
	非特定行业	900-048-50	废液体催化剂	T
		900-049-50	废汽车尾气净化催化剂	T

附录

危险废物豁免管理清单

本目录各栏目说明：

1. "序号"指列入本目录危险废物的顺序编号；

2. "废物类别/代码"指列入本目录危险废物的类别或代码；

3. "危险废物"指列入本目录危险废物的名称；

4. "豁免环节"指可不按危险废物管理的环节；

5. "豁免条件"指可不按危险废物管理应具备的条件；

6. "豁免内容"指可不按危险废物管理的内容。

序号	废物类别/代码	危险废物	豁免环节	豁免条件	豁免内容
1	家庭源危险废物	家庭日常生活中产生的废药品及其包装物、废杀虫剂和消毒剂及其包装物、废油漆和溶剂及其包装物、废矿物油及其包装物、废胶片及废像纸、废荧光灯管、废温度计、废血压计、废镍镉电池和氧化汞电池以及电子类危险废物等	全部环节	未分类收集。	全过程不按危险废物管理。
			收集	分类收集。	收集过程不按危险废物管理。

续表

序号	废物类别/代码	危险废物	豁免环节	豁免条件	豁免内容
2	193-002-21	含铬皮革废碎料	利用	用于生产皮件、再生革或静电植绒。	利用过程不按危险废物管理。
3	252-014-11	煤气净化产生的煤焦油	利用	满足《煤焦油标准（YB/T5075-2010）》且作为原料深加工制取萘、洗油、蒽油等。	利用过程不按危险废物管理。
4	772-002-18	生活垃圾焚烧飞灰	处置	满足《生活垃圾填埋场污染控制标准》（GB16889-2008）中6.3条要求，进入生活垃圾填埋场填埋。	填埋过程不按危险废物管理。
4	772-002-18	生活垃圾焚烧飞灰	处置	满足《水泥窑协同处置固体废物污染控制标准》（GB30485-2013），进入水泥窑协同处置。	水泥窑协同处置过程不按危险废物管理。
5	772-003-18	医疗废物焚烧飞灰	处置	满足《生活垃圾填埋场污染控制标准》（GB16889-2008）中6.3条要求，进入生活垃圾填埋场填埋。	填埋过程不按危险废物管理。
6	772-003-18	危险废物焚烧产生的废金属	利用	用于金属冶炼。	利用过程不按危险废物管理。

续表

序号	废物类别/代码	危险废物	豁免环节	豁免条件	豁免内容
7	900-451-13	采用破碎分选回收废覆铜板、印刷线路板、电路板中金属后的废树脂粉	运输	运输工具满足防雨、防渗漏、防遗撒要求。	不按危险废物进行运输。
			处置	进入生活垃圾填埋场填埋。	处置过程不按危险废物管理。
8	900-041-49	农药废弃包装物	收集	村、镇农户分散产生的农药废弃包装物的收集活动。	收集过程不按危险废物管理。
9	900-041-49	废弃的含油抹布、劳保用品	全部环节	混入生活垃圾。	全过程不按危险废物管理。
10	900-042-49	由危险化学品、危险废物造成的突发环境事件及其处理过程中产生的废物	转移	经接受地县级以上环境保护主管部门同意,按事发地县级以上地方环境保护主管部门提出的应急处置方案进行转移。	转移过程不按危险废物管理。
			处置	按事发地县级以上地方环境保护主管部门提出的应急处置方案进行处置或利用。	处置或利用过程可不按危险废物进行管理。
11	900-044-49	阴极射线管含铅玻璃	运输	运输工具满足防雨、防渗漏、防遗撒要求。	不按危险废物进行运输
12	900-045-49	废弃电路板	运输	运输工具满足防雨、防渗漏、防遗撒要求。	不按危险废物进行运输。

续表

序号	废物类别/代码	危险废物	豁免环节	豁免条件	豁免内容
13	HW01	医疗废物	收集	从事床位总数在19张以下（含19张）的医疗机构产生的医疗废物的收集活动。	收集过程不按危险废物管理。
14	831-001-01	感染性废物	处置	按照《医疗废物高温蒸汽集中处理工程技术规范》（HJ/T276-2006）或《医疗废物化学消毒集中处理工程技术规范》（HJ/T 228-2006）或《医疗废物微波消毒集中处理工程技术规范》（HJ/T229-2006）进行处理后。	进入生活垃圾填埋场填埋处置或进入生活垃圾焚烧厂焚烧处置，处置过程不按危险废物管理。
15	831-002-01	损伤性废物	处置	按照《医疗废物高温蒸汽集中处理工程技术规范》（HJ/T276-2006）或《医疗废物化学消毒集中处理工程技术规范》（HJ/T 228-2006）或《医疗废物微波消毒集中处理工程技术规范》（HJ/T229-2006）进行处理后。	进入生活垃圾填埋场填埋处置或进入生活垃圾焚烧厂焚烧处置，处置过程不按危险废物管理。

续表

序号	废物类别/代码	危险废物	豁免环节	豁免条件	豁免内容
16	831-003-01	病理性废物（人体器官和传染性的动物尸体等除外）	处置	按照《医疗废物化学消毒集中处理工程技术规范》（HJ/T228-2006）或《医疗废物微波消毒集中处理工程技术规范》（HJ/T 229-2006）进行处理后。	进入生活垃圾焚烧厂焚烧处置，处置过程不按危险废物管理。

高污染燃料目录

关于发布《高污染燃料目录》的通知

国环规大气〔2017〕2号

各省、自治区、直辖市环境保护厅（局），新疆生产建设兵团环境保护局：

　　为改善城市大气环境质量，根据全国人大常委会2015年8月29日修订通过的《中华人民共和国大气污染防治法》第三十八条规定，我部组织编制了《高污染燃料目录》（见附件），现予发布。本目录自发布之日起实施。原国家环境保护总局2001年发布的《关于划分高污染燃料的规定》（环发〔2001〕37号）同时废止。

环境保护部
2017年3月27日

附件

高污染燃料目录

　　一、为改善城市大气环境质量，根据全国人大常委会2015年8月29日修订通过的《中华人民共和国大气污染防治法》第三十八条规定，制定本目录。

　　二、本目录所指燃料是根据产品品质、燃用方式、环境影响等因素确定的需要强化管理的燃料，仅适用于城市人民政府依法划定的高污染燃料禁燃区（以下简称禁燃区）的管理，不作为禁燃区外燃料的禁燃管理依据。

三、按照控制严格程度，将禁燃区内禁止燃用的燃料组合分为Ⅰ类（一般）、Ⅱ类（较严）和Ⅲ类（严格）。城市人民政府根据大气环境质量改善要求、能源消费结构、经济承受能力，在禁燃区管理中，因地制宜选择其中一类（见表1）

表1 禁燃区内禁止燃用的燃料组合类别

类别	燃料种类		
Ⅰ类	单台出力小于20蒸吨/小时的锅炉和民用燃煤设备燃用的含硫量大于0.5%、灰分大于10%的煤炭及其制品（其中，型煤、焦炭、兰炭的组分含量大于表2中规定的限值）	石油焦、油页岩、原油、重油、渣油、煤焦油	—
Ⅱ类	除单台出力大于等于20蒸吨/小时锅炉以外燃用的煤炭及其制品		
Ⅲ类	煤炭及其制品		非专用锅炉或未配置高效除尘设施的专用锅炉燃用的生物质成型燃料

表2 部分煤炭制品的组分含量限值

燃料种类	含硫量（$S_{t,d}$）	灰分（A_d）	挥发分（V_{daf}）
型煤	0.5%	-	12.0%
焦炭	0.5%	10.0%	5.0%
兰炭	0.5%	10.0%	10.0%

（一）Ⅰ类

1. 单台出力小于 20 蒸吨/小时的锅炉和民用燃煤设备燃用的含硫量大于 0.5%、灰分大于 10% 的煤炭及其制品（其中，型煤、焦炭、兰炭的组分含量大于表 2 中规定的限值）。

2. 石油焦、油页岩、原油、重油、渣油、煤焦油。

（二）Ⅱ类

1. 除单台出力大于等于 20 蒸吨/小时锅炉以外燃用的煤炭及其制品。

2. 石油焦、油页岩、原油、重油、渣油、煤焦油。

（三）Ⅲ类

1. 煤炭及其制品。

2. 石油焦、油页岩、原油、重油、渣油、煤焦油。

3. 非专用锅炉或未配置高效除尘设施的专用锅炉燃用的生物质成型燃料。

四、本目录规定的是生产和生活使用的煤炭及其制品（包括原煤、散煤、煤矸石、煤泥、煤粉、水煤浆、型煤、焦炭、兰炭等）、油类等常规燃料。

五、本目录由环境保护部负责解释。

六、本目录自发布之日起实施，原国家环境保护总局 2001 年发布的《关于划分高污染燃料的规定》（环发〔2001〕37 号）同时废止。

关于公布现行有效的国家环保部门规章目录的公告

中华人民共和国环境保护部公告

2016 年第 68 号

根据国务院办公厅《关于做好行政法规部门规章和文件清理工作有关事项的通知》（国办函〔2016〕12 号）要求，我部对 2008 年 3 月环境保护部成立以来以及原国家环境保护总局、原国家环境保护局、原城乡建设环境保护部先后发布的部门规章进行了清理。现将现行有效的国家环保部门规章目录予以公布。

特此公告。

附件：现行有效的国家环保部门规章目录

环境保护部

2016 年 11 月 14 日

附件

现行有效的国家环保部门规章目录

（截至 2016 年 6 月 30 日，总计 85 件）

（一）污染防治与生态保护领域部门规章目录

序号	规章名称	文号	发布日期	备注
1	全国环境监测管理条例	城环字〔1983〕483 号	1983 年 7 月 21 日	
2	饮用水水源保护区污染防治管理规定	（89）环管字第 201 号	1989 年 7 月 10 日	2010 年 12 月 22 日经环境保护部令第 16 号修改
3	汽车排气污染监督管理办法	（90）环管字第 359 号	1990 年 8 月 15 日	2010 年 12 月 22 日经环境保护部令第 16 号修改
4	防止含多氯联苯电力装置及其废物污染环境的规定	（91）环管字第 050 号	1991 年 1 月 22 日	
5	国家环境保护局环境保护科学技术研究成果管理办法	国家环境保护局令第 7 号	1992 年 2 月 20 日	
6	防治尾矿污染环境管理规定	国家环境保护局令第 11 号	1992 年 8 月 17 日	1999 年 7 月 12 日经国家环境保护总局令第 6 号修正，2010 年 12 月 22 日经环境保护部令第 16 号修改

续表

序号	规章名称	文号	发布日期	备注
7	化学品首次进口及有毒化学品进出口环境管理规定	环管〔1994〕140号	1994年3月16日	
8	环境保护档案管理办法	国家环境保护局国家档案局令第13号	1994年10月6日	
9	环境监理人员行为规范	国家环境保护局令第16号	1995年5月11日	
10	环境保护法规解释管理办法	国家环境保护总局令第1号	1998年12月8日	
11	环境标准管理办法	国家环境保护总局令第3号	1999年4月1日	
12	危险废物转移联单管理办法	国家环境保护总局令第5号	1999年6月23日	
13	近岸海域环境功能区管理办法	国家环境保护总局令第8号	1999年12月10日	2010年12月22日经环境保护部令第16号修改
14	环境影响评价审查专家库管理办法	国家环境保护总局令第16号	2003年8月20日	
15	专项规划环境影响报告书审查办法	国家环境保护总局令第18号	2003年10月8日	

续表

序号	规章名称	文号	发布日期	备注
16	全国环保系统六项禁令	国家环境保护总局令第20号	2003年12月3日	
17	医疗废物管理行政处罚办法	卫生部国家环境保护总局令第21号	2004年5月27日	2010年12月22日经环境保护部令第16号修改
18	环境保护行政许可听证暂行办法	国家环境保护总局令第22号	2004年6月23日	
19	环境保护法规制定程序办法	国家环境保护总局令第25号	2005年4月25日	
20	污染源自动监控管理办法	国家环境保护总局令第28号	2005年9月19日	
21	国家环境保护总局建设项目环境影响评价文件审批程序规定	国家环境保护总局令第29号	2005年11月23日	
22	建设项目环境影响评价行为准则与廉政规定	国家环境保护总局令第30号	2005年11月23日	
23	病原微生物实验室生物安全环境管理办法	国家环境保护总局令第32号	2006年3月8日	
24	环境信访办法	国家环境保护总局令第34号	2006年6月24日	

续表

序号	规章名称	文号	发布日期	备注
25	国家级自然保护区监督检查办法	国家环境保护总局令第36号	2006年10月26日	
26	环境统计管理办法	国家环境保护总局令第37号	2006年11月4日	
27	环境信息公开办法（试行）	国家环境保护总局令第35号	2007年4月11日	
28	环境监测管理办法	国家环境保护总局令第39号	2007年7月25日	
29	电子废物污染环境防治管理办法	国家环境保护总局令第40号	2007年9月27日	
30	排污费征收工作稽查办法	国家环境保护总局令第42号	2007年10月23日	
31	危险废物出口核准管理办法	国家环境保护总局令第47号	2008年1月25日	
32	环境行政复议办法	环境保护部令第4号	2008年12月30日	
33	建设项目环境影响评价文件分级审批规定	环境保护部令第5号	2009年1月16日	
34	新化学物质环境管理办法	环境保护部令第7号	2010年1月19日	
35	环境行政处罚办法	环境保护部令第8号	2010年1月19日	

续表

序号	规章名称	文号	发布日期	备注
36	地方环境质量标准和污染物排放标准备案管理办法	环境保护部令第9号	2010年1月28日	
37	进出口环保用微生物菌剂环境安全管理办法	环境保护部令第10号	2010年4月2日	
38	废弃电器电子产品处理资格许可管理办法	环境保护部令第13号	2010年12月15日	
39	环境行政执法后督察办法	环境保护部令第14号	2010年12月15日	
40	环保举报热线工作管理办法	环境保护部令第15号	2010年12月15日	
41	固体废物进口管理办法	环境保护部令第12号	2011年4月8日	
42	突发环境事件信息报告办法	环境保护部令第17号	2011年4月18日	
43	污染源自动监控设施现场监督检查办法	环境保护部令第19号	2012年2月1日	
44	环境监察办法	环境保护部令第21号	2012年7月25日	

续表

序号	规章名称	文号	发布日期	备注
45	环境监察执法证件管理办法	环境保护部令第23号	2013年12月26日	
46	消耗臭氧层物质进出口管理办法	环境保护部令第26号	2014年1月27日	
47	环境保护主管部门实施按日连续处罚办法	环境保护部令第28号	2014年12月19日	
48	环境保护主管部门实施查封、扣押办法	环境保护部令第29号	2014年12月19日	
49	环境保护主管部门实施限制生产、停产整治办法	环境保护部令第30号	2014年12月19日	
50	企业事业单位环境信息公开办法	环境保护部令第31号	2014年12月19日	
51	突发环境事件调查处理办法	环境保护部令第32号	2014年12月19日	
52	建设项目环境影响评价分类管理名录	环境保护部令第33号	2015年4月9日	
53	突发环境事件应急管理办法	环境保护部令第34号	2015年4月16日	

续表

序号	规章名称	文号	发布日期	备注
54	环境保护公众参与办法	环境保护部令第35号	2015年7月13日	
55	建设项目环境影响评价资质管理办法	环境保护部令第36号	2015年9月28日	
56	建设项目环境影响后评价管理办法（试行）	环境保护部令第37号	2015年12月10日	
57	国家危险废物名录	环境保护部国家发展和改革委员会公安部令第39号	2016年6月14日	

（二）核与辐射领域部门规章目录

序号	规章名称	文号	发布日期	备注：核安全法规文件序列HAF编号
1	核材料管制条例实施细则	（90）国核安法字129号	1990年9月25日	HAF501/01-1990
2	核电厂厂址选址安全规定	国家核安全局令第1号	1991年7月27日	HAF101-1991
3	核电厂质量保证安全规定	国家核安全局令第1号	1991年7月27日	HAF003-1991
4	民用核燃料循环设施的安全规定	国家核安全局令第3号	1993年6月17日	HAF301-1993
5	核电厂安全许可证件的申请和颁发	国核安法字〔1993〕217号	1993年12月31日	HAF001/01-1993

续表

序号	规章名称	文号	发布日期	备注：核安全法规文件序列HAF编号
6	核电厂操纵人员执照颁发和管理程序	国核安法字〔1993〕217号	1993年12月31日	HAF001/01/01-1993
7	核电厂换料、修改和事故停堆管理	国核安法字〔1994〕040号	1994年3月2日	HAF103/01-1994
8	研究堆设计安全规定	国核安法字〔1995〕162号	1995年6月6日	HAF201-1995
9	研究堆运行安全规定	国核安法字〔1995〕162号	1995年6月6日	HAF202-1995
10	核设施的安全监督	国核安法字〔1995〕167号	1995年6月14日	HAF001/02-1995
11	核电厂营运单位报告制度	国核安法字〔1995〕167号	1995年6月14日	HAF001/02/01-1995
12	研究堆营运单位报告制度	国核安法字〔1995〕167号	1995年6月14日	HAF001/02/02-1995
13	核燃料循环设施的报告制度	国核安法字〔1995〕167号	1995年6月14日	HAF001/02/03-1995
14	电磁辐射环境保护管理办法	国家环境保护局令第18号	1997年3月25日	
15	放射性废物安全监督管理规定	国核安法字〔1997〕183号	1997年11月5日	HAF401-1997
16	核电厂营运单位的应急准备和应急响应		1998年5月12日	HAF002/01-1998

续表

序号	规章名称	文号	发布日期	备注：核安全法规文件序列HAF编号
17	核动力厂设计安全规定	国核安发〔2004〕81号	2004年4月18日	HAF102-2004
18	核动力厂运行安全规定	国核安发〔2004〕81号	2004年4月18日	HAF103-2004
19	放射性同位素与射线装置安全许可管理办法	国家环境保护总局令第31号	2006年1月18日	2008年12月6日经环境保护部令第3号修改
20	民用核安全设备设计制造安装和无损检验监督管理规定	国家环境保护总局令第43号	2007年12月28日	HAF601-2007
21	民用核安全设备无损检验人员资格管理规定	国家环境保护总局国防科学技术工业委员会令第44号	2007年12月28日	HAF602-2007
22	民用核安全设备焊工焊接操作工资格管理规定	国家环境保护总局令第45号	2007年12月28日	HAF603-2007
23	进口民用核安全设备监督管理规定	国家环境保护总局令第46号	2007年12月28日	HAF604-2007
24	放射性物品运输安全许可管理办法	环境保护部令第11号	2010年9月25日	HAF701-2010

续表

序号	规章名称	文号	发布日期	备注：核安全法规文件序列 HAF 编号
25	放射性同位素与射线装置安全和防护管理办法	环境保护部令第 18 号	2011 年 4 月 18 日	HAF802-2011
26	核与辐射安全监督检查人员证件管理办法	环境保护部令第 24 号	2013 年 12 月 30 日	HAF004-2013
27	放射性固体废物贮存和处置许可管理办法	环境保护部令第 25 号	2013 年 12 月 30 日	HAF402-2013
28	放射性物品运输安全监督管理办法	环境保护部令第 38 号	2016 年 3 月 14 日	HAF702-2016

环保用微生物菌剂进出口
环境安全管理办法

中华人民共和国环境保护部　国家质量监督检验检疫总局令
第 10 号

　　为加强进出口环保用微生物菌剂环境安全管理，维护环境安全，根据《中华人民共和国国境卫生检疫法》及其实施细则、《中华人民共和国环境保护法》等有关规定，特制定《进出口环保用微生物菌剂环境安全管理办法》。现予公布，自 2010 年 5 月 1 日起施行。

环境保护部部长
质检总局局长
二〇一〇年四月二日

第一章　总　则

第一条　为加强进出口环保用微生物菌剂环境安全管理，维护环境安全，根据《中华人民共和国国境卫生检疫法》及其实施细则、《中华人民共和国环境保护法》等有关规定，制定本办法。

第二条 本办法适用于进出口环保用微生物菌剂环境安全管理。

本办法所称环保用微生物菌剂，是指从自然界分离纯化或者经人工选育等现代生物技术手段获得的，主要用于水、大气、土壤、固体废物污染检测、治理和修复的一种或者多种微生物菌种。

第三条 国家对进出口环保用微生物菌剂的环境安全管理，实行检测和环境安全评价制度。

第四条 环保用微生物菌剂进出口经营者，应当是依法成立的从事生产或者使用微生物菌剂的企业事业法人，并具备微生物菌剂安全生产、使用、储藏、运输和应急处置的能力。

进口环保用微生物菌剂，应当按照本办法的规定申请获得《微生物菌剂样品环境安全证明》，并凭该样品环境安全证明依法办理卫生检疫审批和现场查验。

第五条 环境保护部对进出口环保用微生物菌剂环境安全实施监督管理。省、自治区、直辖市环境保护行政主管部门依照本办法对辖区内进出口环保用微生物菌剂环境安全实施监督管理。

国家质量监督检验检疫总局统一管理全国进出口环保用微生物菌剂的卫生检疫监督管理工作；国家质量监督检验检疫总局设在各地的出入境检验检疫机构对辖区内进出口环保用微生物菌剂实施卫生检疫监督管理。

第六条 环境保护部会同国家质量监督检验检疫总局设立环

保用微生物环境安全评价专家委员会，负责对微生物菌剂样品的环境安全性进行评审。

第二章 样品入境

第七条 进口经营者应当向微生物菌剂使用活动所在地省、自治区、直辖市环境保护行政主管部门提交下列材料，先行申请办理环保用微生物菌剂样品入境手续：

（一）进口经营者与境外经营者签订的微生物菌剂进口合同或者合同意向书的复印件；

（二）进口经营者主管人员和专业技术人员具备的微生物生产、应用和安全操作的专业学历或者资格证书复印件；

（三）微生物菌剂生产、使用、储藏、运输、处理的环境安全控制措施和突发环境事件应急预案；

（四）出口国政府主管部门出具的微生物菌剂环境安全证明；

（五）微生物菌剂在出口国的生产和应用情况；

（六）拟进口用于检测和环境安全评价样品的最低数量和规格；

（七）微生物菌剂环境安全性的其他证明资料。

前款所列材料，应当用中文或者中、英文对照文本，一式三份。

第八条 省、自治区、直辖市环境保护行政主管部门应当自受理进口样品申请之日起30日内，对申请材料进行审查，材料齐备、内容属实的，核发《环保用微生物菌剂样品入境通知单》。

必要时，省、自治区、直辖市环境保护行政主管部门可以组织专家进行技术审查，审查合格的，核发《环保用微生物菌剂样品入境通知单》。

《环保用微生物菌剂样品入境通知单》必须注明进口样品的数量和规格。《环保用微生物菌剂样品入境通知单》一式两份，一份用于样品检疫审批，一份用于样品环境安全评价数量核销。

第九条 直属检验检疫局凭《环保用微生物菌剂样品入境通知单》，签发样品卫生检疫审批单。

样品入境口岸检验检疫机构凭样品卫生检疫审批单，对样品的数量、规格、外包装情况进行现场查验。对样品查验合格的，准予入境。

第三章 样品环境安全评价

第十条 进口经营者，应当委托微生物检测和环境安全评价机构对样品进行检测和环境安全评价。

接受委托的检测和环境安全评价机构，应当是从事微生物研究的合格实验室（GLP），或者中国合格评定国家认可委员会认可的国家级专业机构。

第十一条 样品检测和环境安全评价机构应当按照环境保护部制定的《环保用微生物菌剂检测规程》和《环保用微生物菌剂使用环境安全评价导则》，对进口微生物菌剂进行检测和环境安全评价，出具样品检测和环境安全评价报告，并对检测数据和评价结论的真实性、准确性负责。

检测和环境安全评价报告，应当包括下列内容：

（一）微生物菌剂的微生物学检测鉴定；

（二）微生物菌剂的安全性试验；

（三）微生物菌剂的评价；

（四）微生物菌剂的卫生学安全评价；

（五）微生物菌剂及各类终产物的生态安全评价；

（六）微生物菌剂的生产或者使用环境评价。

检测和环境安全评价报告，还应当附具下列内容：

（一）微生物菌剂出口国已有的环境安全评价资料；

（二）检测和环境安全评价机构及其代理机构资质信息。

样品检测和环境安全评价报告，一式三份。

第十二条 样品检测和环境安全评价结束后，检测和环境安全评价机构应当将微生物菌剂样品全部安全销毁，不得保留或者移作他用。

第十三条 进口经营者应当将样品全数交验。检测和环境安全评价机构应当根据《环保用微生物菌剂样品入境通知单》，核对样品数量和规格；对数量和规格与《环保用微生物菌剂样品入境通知单》中不一致的，不得出具样品检测和环境安全评价报告。

第四章 样品环境安全证明

第十四条 进口经营者，应当向环保用微生物菌剂使用活动所在地省、自治区、直辖市环境保护行政主管部门提交样品检测和环境安全评价报告。

第十五条 省、自治区、直辖市环境保护行政主管部门应当自收到进口经营者提交的样品检测和环境安全评价报告之日起30日内进行审核，签署审核意见，连同申报材料、检测和环境安全评价报告一式三份报环境保护部。

环境保护部自收到申报材料之日起5个工作日内，将申报材料提交环保用微生物环境安全评价专家委员会。

第十六条 环保用微生物环境安全评价专家委员会应当自收到申报材料之日起15个工作日内完成评审，提出《环保用微生物菌剂样品环境安全性评审意见》，报环境保护部。

第十七条 《环保用微生物菌剂样品环境安全性评审意见》，应当包括下列内容：

（一）进口经营者申报的微生物菌剂主要成分与检测机构的检测结果是否一致；

（二）微生物菌剂中是否含有对人体健康和生态环境构成危险或者较大风险的微生物菌种（群）；

（三）微生物菌剂是否已经在出口国进行安全生产和使用；

（四）项目负责人和工作人员是否具备微生物生产、应用和安全操作专业学历或者资格；

（五）微生物菌剂生产、使用、储藏、运输和处理的环境安全控制措施和事故处置应急预案是否可行。

第十八条 环境保护部依据《环保用微生物菌剂样品环境安全性评审意见》，对检测和环境安全评价合格的微生物菌剂，出具《环保用微生物菌剂样品环境安全证明》。

第十九条 同一进口经营者的同一商品（项目）名称微生物菌剂，应当申请一个《环保用微生物菌剂样品环境安全证明》。

已获得《环保用微生物菌剂样品环境安全证明》的同一微生物菌剂，有两个以上商品（项目）名称的，应当报环境保护部备案。

第二十条 《环保用微生物菌剂样品环境安全证明》有效期为三年。

有效期届满后仍然需要进口该微生物菌剂的，进口经营者需要重新办理《环保用微生物菌剂样品环境安全证明》。

第二十一条 任何单位和个人不得转让、伪造、涂改或者变造《环保用微生物菌剂样品环境安全证明》。

第五章 出入境卫生检疫审批与报检查验

第二十二条 进出口经营者按照《出入境特殊物品卫生检疫管理规定》的规定，向直属检验检疫局提出卫生检疫审批申请。进口经营者还应当提供环境保护部出具的《环保用微生物菌剂样品环境安全证明》。

直属检验检疫局对准予进出口的，出具《出入境特殊物品卫生检疫审批单》。

第二十三条 口岸检验检疫机构凭《出入境特殊物品卫生检疫审批单》受理环保用微生物菌剂报检，实施现场检疫查验，并按照有关规定抽样送专业的环保微生物菌剂符合检测实验室进行检验，经符合性检验及卫生学检验合格的，方可放行。

第二十四条 口岸检验检疫机构对首次送检的环保用微生物菌剂，应当在20个工作日内完成检验；对首次检验已经合格的，应当在10个工作日内完成检验。

第六章 后续监管

第二十五条 进出口经营者应当采取环保用微生物菌剂生产、

使用、储藏、运输和处理的环境安全控制措施，制定事故处置应急预案。

进出口经营者应当保留环保用微生物菌剂生产、使用、储藏、运输和处理记录。

第二十六条 进出口经营者应当于每年1月31日前，将上一年度环保用微生物菌剂生产或者使用环境安全管理情况和本年度环保用微生物菌剂进出口计划，报省、自治区、直辖市环境保护行政主管部门备案。

第二十七条 环保用微生物菌剂在进出口、生产或者使用过程中，出现异常情况，或者有新的科学依据证明对人体健康和生态环境构成危害的，环境保护部应当撤销其《环保用微生物菌剂样品环境安全证明》，监督进口单位销毁该微生物菌剂，并向国家质量监督检验检疫总局通报有关情况。

第二十八条 进出口经营者应当向环保用微生物菌剂生产或者使用活动所在地省、自治区、直辖市环境保护行政主管部门备案。变更环保用微生物菌剂生产或者使用活动所在地的，应当分别向变更前和变更后生产或者使用活动所在地省、自治区、直辖市环境保护行政主管部门办理备案变更。

第七章 罚 则

第二十九条 违反本办法规定，样品检测和环境安全评价结束后，未将微生物菌剂样品全部安全销毁的，由检测和环境安全评价机构所在地省、自治区、直辖市环境行政主管部门责令改正；拒不改正的，可以处一万元以上三万元以下的罚款，并由环境保护主管部门指定有能力的单位代为销毁,所需费用由违法者承担。

检测和环境安全评价机构出具虚假样品检测和环境安全评价结论的,环境保护部不再受理该评价机构做出的样品检测和环境安全评价报告。

第三十条 伪造或者涂改检疫单、证的,检验检疫机构可以给予警告或者处以 5000 元以下的罚款。

违反本办法规定,转让、伪造、涂改或者变造《环保用微生物菌剂样品环境安全证明》的,或者隐瞒有关情况、提供虚假材料的,由环境保护部撤销《环保用微生物菌剂样品环境安全证明》,直属检验检疫局吊销《出入境特殊物品卫生检疫审批单》;构成犯罪的,依法追究刑事责任。

第三十一条 违反本办法规定,未妥善保存微生物菌剂生产、使用、储藏、运输和处理记录,或者未执行微生物菌剂生产、使用、储藏、运输和处理的环境安全控制措施和事故处置应急预案的,由省、自治区、直辖市环境保护行政主管部门责令改正;拒不改正的,处一万元以上三万元以下罚款。

第八章 附 则

第三十二条 有关国际公约、双边或者多边协议、进口国法律的规定以及合同约定,需要对出口环保用微生物菌剂样品进行环境安全评价和环境安全证明的,参照本办法第三、四章执行。

第三十三条 进出口环保用微生物菌剂涉及动植物安全的,应当符合《中华人民共和国进出境动植物检疫法》等法律法规规定，并办理进境动植物检疫特许审批。

第三十四条　进口经营者委托代理进口申请的，其代理人除提交第七条规定的申请材料外，还应当提供与进口经营者签订的协议以及营业执照原件。

第三十五条　《环保用微生物菌剂样品入境通知单》和《环保用微生物菌剂样品环境安全证明》的格式与内容，由环境保护部统一制定。

第三十六条　本办法自2010年5月1日起施行。